Annie Berthet
Professeur formateur
à l'Alliance Française de Paris

Béatrice Tauzin
Professeur formateur
à l'Alliance Française de Paris

Comment vont les affaires ?

Cours de français professionnel
pour débutants

Cahier d'exerc

HACHETTE Livre
Français langue étrangère
58, rue Jean-Bleuzen, 92170 VANVES
http://www.fle.hachette-livre.fr

Pour découvrir nos nouveautés, consulter notre catalogue en ligne, contacter nos diffuseurs, nous écrire, rendez-vous sur Internet :
www.fle.hachette-livre.fr

Couverture : Peplum
Conception graphique et réalisation : Anne-Danielle Naname
Illustrations : Catherine Beaumont
Secrétariat d'édition : Cécile Botlan
Photogravure : Tin Cuadra

ISBN : 2-01-155145-5

Avant-propos

Complément et renforcement à l'enseignement fait en cours, ce cahier d'exercices accompagne le livre *Comment vont les affaires ?* qui s'adresse à un public de débutants ou faux débutants en situation professionnelle ou en cours de formation à la vie active.
De manière à répondre à cette double exigence, il comporte :
- une reprise des situations et des thématiques tant professionnelles que relatives à la vie quotidienne déjà abordées dans le livre ;
- des démarches d'acquisition pragmatique de la langue sous forme :
  - d'activités d'auto-découverte de points de grammaire essentiels pouvant être réalisées en autonomie en dehors de la classe,
  - d'exercices de réemploi fondés sur des manipulations diverses d'énoncés toujours contextualisés.

Enfin, sont introduits à la fin de chaque unité des documents professionnels pour une évaluation de la compréhension écrite.

Les auteurs

Sommaire

unité 1

pp. 10 à 17

Ravi de faire votre connaissance

les articles définis ***le***, ***la***, ***l'***, ***les*** • ***être*** + nom de profession
s'appeler Madame/***M***^{me}, Mademoiselle/***M***^{lle}, Monsieur/***M.***

Ma petite entreprise

1 **A. Complétez les phrases avec l'article défini qui convient.**
Exemple : 1. ***Le*** *responsable des ventes (M. Raoul).*

1. .... responsable des ventes *(M. Raoul)*. – **2. et 3.** .... stagiaires mexicaines *(M*^{me} *Ramirez, M*^{lle} *Sanchez)*. – **4.** .... secrétaire de direction *(M*^{lle} *Eschoffier)*. – **5.** .... informaticien *(M. Roux)*. – **6.** .... directeur *(M. Turbin)*. – **7.** .... assistante de direction *(M*^{lle} *Proton de la Chapelle)*. – **8. et 9.** .... vendeurs *(M. Lorenz, M. Vergniaud)*. – **10.** .... chauffeur *(M. Rarquer)*.

B. Présentez chaque personnage.
Exemple : Le n° 1 ***s'appelle*** *monsieur Raoul,* ***il est*** *responsable des ventes.*

....
....
....
....
....
....
....
....

le verbe *être*

2 Complétez les phrases avec la forme du verbe qui convient.

1. Tu .... américain ou anglais ? – **2.** Elle .... à la douane. – **3.** Vous .... l'assistante de M. Feriot ? – **4.** Ils .... sur la route. – **5.** Je .... responsable des ventes. – **6.** Nous .... canadiennes.

les adjectifs possessifs ***mon, ma, mes/ton, ta, tes/notre, nos/votre, vos***

3 Paroles, paroles...
Complétez les phrases avec le possessif qui convient.

1. La secrétaire : « Désolée, mais .... commerciaux sont très occupés. »

2. Le collègue de bureau : « Pierre, je te présente .... assistante, Mlle Proton. »

3. Le collègue de bureau : « C'est .... nouveau bureau, il est super ! »

4. Le commercial : « Je vous donne .... carte de visite. »

5. La secrétaire : « Monsieur, ... femme au téléphone. »

6. Le chauffeur : « Voilà .... papiers ! »

7. La secrétaire : « .... responsable des ventes s'appelle Catherine Dupuis. »

8. Le douanier : « Montrez-moi .... papiers, s'il vous plaît. »

les verbes en *-er*

4 A. Retrouvez la conjugaison du verbe *travailler* au présent.

ez	**e**	**ons**	travaill	*il/elle*	travaill	*nous*	travaill	**e**
tu	travaill	*vous*	travaill	*ils/elles*	travaill	**es**	*je*	**ent**

	singulier	pluriel
1re pers.	....	....
2e pers.	....	....
3e pers.	....	....

B. Pour conjuguer un verbe en *-er* au présent :

a. on utilise : ☐ le même radical pour toutes les personnes ☐ différents radicaux

b. les terminaisons de « je » et « il/elle » sont : ☐ différentes ☐ identiques

c. deux terminaisons se prononcent. Lesquelles ?

5 Complétez les phrases avec le pronom personnel sujet qui convient.

1. .... *arrivons* en voiture. – 2. .... *présentez* les nouveaux stagiaires. – 3. .... *notes* mon numéro de téléphone. – 4. .... *montre* l'ordinateur. – 5. .... *saluent* la secrétaire. – 6. .... *adresse* un fax à l'entreprise.

la formation du féminin des adjectifs de nationalité

6 Tour du monde des stagiaires

Noms	Nationalités	Noms	Nationalités
M. ATHENOPOULOS	grec	Mme LEE	coréenne
M. BERGSTEIN	allemand	Mme MERCURY	grecque
M. CHANG	coréen	M. NORO	japonais
Mlle DIOS	brésilienne	Mme PATTERSON	américaine
M. ESTAROL	espagnol	M. RIU	chinois
Mme FIDORSKY	russe	M. SANTOS	brésilien
M. HAND	américain	Mme TAGASHI	japonaise
Mme ISIDORO	argentine	M. VARGAS	argentin
Mme JIMENEZ	espagnole	Mme WEINRICH	allemande
M. KRAPOV	russe	Mlle XIN	chinoise

A. Recopiez la nationalité de chaque stagiaire dans le tableau suivant.

Noms hommes	Nationalités		Noms femmes
	Masculin	Féminin	
M. NORO	*Japonais*	*Japonaise*	Mme TAGASHI
M. RIU	....	....	Mlle XIN
M. HAND	....	....	Mme PATTERSON
M. SANTOS	....	....	Mlle DIOS
M. CHANG	....	....	Mme LEE
M. VARGAS	....	....	Mme ISIDORO
M. BERGSTEIN	....	....	Mme WEINRICH
M. ESTAROL	....	....	Mme JIMENEZ
M. ATHENOPOULOS	....	....	Mme MERCURY
M. KRAPOV	....	....	Mme FIDORSKY

B. Complétez le tableau. Trouvez la règle de formation des adjectifs de nationalité.

Adjectifs de nationalité	Masculin	Féminin	
japonais – japonaise	ais	+ *e*	Changement de prononciation au féminin
chinois – chinoise	ois	....	
américain – américaine	ain	....	
brésilien – brésilienne	ien	....	
coréen – coréenne	éen	....	
argentin – argentine	in	....	
allemand – allemande	d	....	
espagnol – espagnole	l	....	Même prononciation
grec – grecque	c	....	
russe – russe	e	....	

i Culture d'entreprise.

7 Oui ou non ? Cochez la réponse choisie.

Je me présente pour la première fois dans une entreprise :

	Oui	Non
1. Je présente mes papiers à l'accueil.	☐	☐
2. Je dis : « Salut, monsieur le Directeur » au directeur.	☐	☐
3. Je serre la main à toutes les personnes qu'on me présente.	☐	☐
4. Je donne ma carte de visite à toutes les personnes qu'on me présente.	☐	☐
5. Je dis : « Bonjour, monsieur » au chauffeur.	☐	☐

Testez-vous !

8 Comprendre une petite annonce d'offre d'emploi.

Dans le cadre de son expansion, un groupe de produits informatiques canadien recherche pour la région parisienne

UN ATTACHÉ COMMERCIAL H/F

Votre mission : suivi et prospection en hypermarché
Votre profil : nationalité française, dynamique, motivé
Votre niveau : Bac + 3 minimum

Merci d'adresser lettre manuscrite,
CV, photo à *SDS*, 5, rue de la Poste, 92 110 Clichy

1. La société recherche :
☐ a. un informaticien.
☐ b. un attaché commercial.
☐ c. un directeur d'hypermarché.

2. La personne recherchée doit être :
☐ a. une femme exclusivement.
☐ b. un homme exclusivement.
☐ c. un homme ou une femme.

3. La personne recherchée doit être :
☐ a. de nationalité canadienne.
☐ b. de nationalité française.
☐ c. de nationalité indifférente.

4. Pour répondre à cette annonce vous devez :
☐ a. envoyer un mél.
☐ b. rédiger une lettre à la main.
☐ c. vous présenter à l'entreprise.

pp. 18 à 25

Vous désirez ?

les articles indéfinis ***un***, ***une***, ***des*** /les articles définis ***le***, ***la/l'***, ***les***
les verbes ***s'appeler***, ***être***, ***avoir*** aux 1res pers. du sing. et du pl.

❶ D'accord pour le poste !

A. Faites parler les candidats choisis pour le poste, comme dans l'exemple.

PHARMACO *Société de produits pharmaceutiques* *Recherche* ***UNE SECRÉTAIRE BILINGUE*** *(5 ans d'expérience minimum)*	➟ *Je m'appelle Anne BLANC.* *Je suis la secrétaire de la société PHARMACO.* *J'ai 7 ans d'expérience professionnelle.*
TRANSCONTINENTAL Société d'Import-Export *Recherche* **UN DIRECTEUR DES VENTES** *(20 ans d'expérience minimum)*	➟ Xavier LEFÈVRE ....
FILTEX Importante société textile *Recherche* **DES VENDEUSES** *(3 ans d'expérience minimum)*	➟ Cécile DAX et Mireille MARTIN (Nous).......... ....
PONTOROUTE Entreprise leader de travaux publics *Recherche* **UN CHAUFFEUR** *(5 ans d'expérience minimum)*	➟ Marc HENRI ....
MÉTALGOR Société industrielle *Recherche* **UN INFORMATICIEN** *(7 ans d'expérience minimum)*	➟ Luc PARON ....
INTERLINGUA École de langues *Recherche* **DES PROFESSEURS D'ANGLAIS** *(10 ans d'expérience minimum)*	➟ Jacques BAR et Thierry HUE (Nous).......... ....
A.F.I. Société d'Assurances *Recherche* **UN COMPTABLE** *(3 ans d'expérience minimum)*	➟ Rémy FOHE ....

B. Idée <u>d'imprécision (I)</u> ou <u>de précision (P)</u>. Trouvez les règles.

– Les articles ***un, une, des*** s'emploient devant un nom pour marquer une idée ....

– Les articles ***le, la, l', les*** s'emploient devant un nom pour marquer une idée ....

l'interrogation

Dans un grand magasin

2 A. Qui pose ces questions : *une cliente ? une vendeuse ?*

1. Vous avez des produits de parapharmacie ? ....

2. Cet article est en promotion ? ....

3. Vous désirez aussi le lait pour le corps ? ....

4. Le parfum, c'est pour un cadeau ? ....

5. Qu'est-ce que c'est ? Une crème solaire ? ....

6. Il y a un vendeur dans ce rayon ? ....

7. Qui est-ce ? Le directeur ? ....

B. Quelles questions peuvent être formulées avec « est-ce que » ? Reformulez oralement ces questions.

Exemple : Vous avez des produits de parapharmacie ?

*➞ **Est-ce que** vous avez des produits de parapharmacie ?*

3 Reconstituez le dialogue à partir des répliques données dans le désordre.

a. Est-ce que vous donnez des échantillons ?

b. Vous désirez, Madame ?

c. Oui, bien sûr, nous avons deux marques en promotion en ce moment.

d. Vous avez des crèmes solaires ?

e. Oui, et c'est un produit de grande qualité.

f. Cette crème aussi est en promotion ?

g. Oui, je donne un échantillon par produit.

b., ...

l'interrogation : *Qui est-ce ?/Qu'est-ce que c'est ?*

4 Personnes ou objets ?

A. Trouvez la réponse.

un vendeur – un ordinateur – un détaillant – une cliente – une secrétaire – un parfum – un échantillon – un savon – un producteur – un rayon

1. Qui est-ce ? une *s* _ _ _ _ _ _ _ _ *e*

2. Qu'est-ce que c'est ? un *p* _ _ _ _ *m*

3. Qui est-ce ? un *p* _ _ _ _ _ _ _ _ *r*

4. Qu'est-ce que c'est ? un *é* _ _ _ _ _ _ _ _ _ *n*

5. Qui est-ce ? un *v _ _ _ _ _ r*

6. Qui est-ce ? une *c _ _ _ _ _ e*

7. Qu'est-ce que c'est ? un *s _ _ _ n*

8. Qu'est-ce que c'est ? un *o _ _ _ _ _ _ _ _ _ r*

9. Qui est-ce ? un *d _ _ _ _ _ _ _ _ _ t*

10. Qu'est-ce que c'est ? un *r _ _ _ n*

B. Sélectionnez dans l'unité 2 d'autres objets et personnes et fabriquez oralement des devinettes sur le même modèle.

les démonstratifs *ce/cet/cette/ces*

5 Le secret de la réussite

Complétez avec le démonstratif qui convient. Comment faire pour :

1. Ouvrir un magasin. Choisissez .... région (f.), ... produits (m. pl.), ... équipe (f.).

2. Apprendre le français. Choisissez .... école (f.), ... méthode (f.), ... professeur (m.).

3. Passer une commande sur Internet. Prenez .... ordinateur (m.) – Choisissez .... site (m.) – Tapez .... code (m.).

4. Former une nouvelle équipe. Choisissez .... directeur des ventes (m.), ... secrétaire (f.), ... vendeurs (m. pl.).

5. Partir en vacances. Choisissez .... pays (m.), ... agence de voyages (f.).

la formation des nombres de 1 à 20

6 Première leçon de comptabilité

A. Faites oralement les additions suivantes, puis notez le résultat en toutes lettres.

Exemple : 3 + 1 = 4
« trois plus un égale quatre »

a. 2 + 3 = ...

b. 5 + 4 = ...

c. 9 + 1 = ...

d. 13 + 1 = ...

e. 7 + 8 = ...

f. 10 + 6 = ...

g. 10 + 7 = ...

h. 10 + 8 = ...

i. 10 + 9 = ...

j. 10 + 10 = ...

B. Les nombres de 1 à 16 et le nombre 20 sont des nombres : ☐ simples ? ☐ composés ?

Les nombres 17, 18 et 19 sont des nombres : ☐ simples ? ☐ composés ?

Le commerce

7 Vrai ou faux ? Cochez la réponse choisie.

	Vrai	Faux
1. En France, on peut vendre des médicaments par correspondance.	☐	☐
2. Les Allemands sont les champions d'Europe pour la consommation de médicaments.	☐	☐
3. Les magasins franchisés font partie du commerce associé.	☐	☐
4. En France, il y a un peu plus de 1 000 hypermarchés.	☐	☐
5. Le sigle GMF signifie « Grandes et Moyennes Surfaces ».	☐	☐
6. Les grands magasins font partie du commerce indépendant.	☐	☐
7. *La Samaritaine* est le nom de la plus grande pharmacie parisienne.	☐	☐

Testez-vous !

8 « A » comme « affaires ».

Une paire de lunettes de soleil gratuite

Visionnor

vous offre dès le 1er mai une deuxième paire de lunettes (d'une valeur de 30 à 45 €) si vous achetez un modèle d'une valeur de 75 € minimum.

Cette opération est valable jusqu'au 30 juin.

Pour avoir la liste des points de vente participants, téléphonez au **01 48 45 90 18**.

1. *Visionnor* est une société qui fabrique :
- ☐ a. des téléphones.
- ☐ b. des lunettes.
- ☐ c. des crèmes solaires.

2. L'annonce propose :
- ☐ a. un modèle gratuit sans achat.
- ☐ b. un modèle gratuit d'une valeur de 75 € pour l'achat de deux modèles d'une valeur de 45 € minimum.
- ☐ c. un modèle gratuit d'une valeur de 30 à 45 € pour l'achat d'un modèle à 75 €.

3. La promotion débute :
- ☐ a. le 1er mai.
- ☐ b. le 30 juin.
- ☐ c. le 20 mai.

4. 01 48 45 90 18 :
- ☐ a. sont les numéros des modèles gratuits.
- ☐ b. est le numéro de téléphone à appeler pour connaître les points de vente.
- ☐ c. est le numéro de fax de la société *Visionnor*.

unité 3

pp. 26 à 33

En déplacement

les *noms de pays* : masculin, féminin et pluriel

1 Planning de voyage
Les commerciaux sont en déplacement dans les pays suivants :
l'Éthiopie – la Finlande – le Portugal – la Suisse – le Brésil – l'Afghanistan – les Pays-Bas – l'Argentine – la Chine – le Canada – l'Iran – les États-Unis – l'Irak.

Complétez le tableau.

la France	le Japon	les Baléares
....	....	....
....	....	....
....	....	
l'**Espagne** (noms commençant par une voyelle)	l'Ouganda	
....	....	
....	....	
	....	
Un nom de pays est féminin quand il se termine par	Un nom de pays est masculin quand il ne se termine pas par.....	Un nom de pays est pluriel quand il se termine par ....

Mais attention, on dit : le Cambode, le Mozambique, le Mexique.

les prépositions de localisation *en*, *au*, *aux* avec les noms de pays

2 Êtes-vous un globe-trotter ?
Répondez au questionnaire.

Où avez-vous déjà séjourné ?			
☐ en Finlande ☐ en Suisse ☐ en Chine ☐ en Italie	☐ au Brésil ☐ au Portugal	☐ en Afghanistan ☐ en Ouganda	☐ aux Pays-Bas ☐ aux États-Unis
en + nom de pays	***au*** + nom de pays	***en*** + nom de pays .... commençant par	***aux*** + nom de pays ....

3 **Vous travaillez dans la société *Voyageurs du monde*. Un mot est effacé ! Complétez les titres des guides.**

a. Voyager .... Chine

b. Voyager .... Italie

c. Voyager .... Asie

d. Voyager .... Mexique

e. Voyager .... Maroc

f. Voyager .... Iran

g. Voyager .... Philippines

h. Voyager .... Inde

i. Voyager .... Turquie

j. Voyager .... Portugal

4 **Répondez avec un nom/des noms de pays. Où est-ce que vous pouvez :**

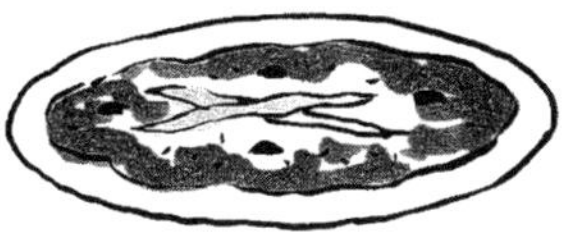

1. commander une pizza ?

....

2. parler japonais ?

....

3. visiter le Parthénon ?

....

4. voir la statue de la Liberté ?

....

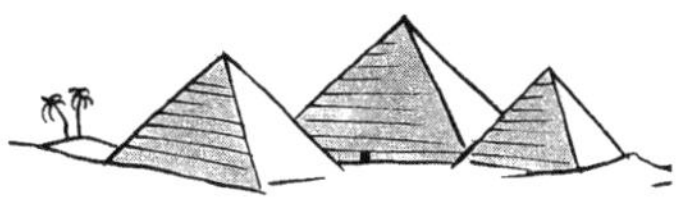

5. monter sur les Pyramides ?

....

6. parler arabe ?

....

le verbe *aller*

je *Australie* **vais** *tu* **allons** **va** *ils/elles* *au*
vous *Brésil* **allez** **vas** *en* *il/elle* *Israël*
aux *nous* *Maroc* *Japon* **vont** *Philippines* *Norvège*

5 **A. Retrouvez la conjugaison du verbe *aller* au présent.**

	singulier	pluriel
1re pers.	....	....
2e pers.	....	....
3e pers.	....	....

B. Écrivez des phrases avec les mots de l'encadré.
Exemple : Je vais au Brésil.

....

....

....

l'usage de la préposition de localisation *à*

6 Où trouver ces personnes ?
A. Faites correspondre.

1. l'ingénieur	**a.** à l'aéroport
2. la vendeuse de produits de beauté	**b.** au bureau
3. l'hôtesse de l'air	**c.** à la banque
4. le pharmacien	**d.** au rayon parfumerie
5. le banquier	**e.** à la pharmacie

B. Trouvez la règle.

On utilise **à l'** + nom commençant par une voyelle (ou un *h* muet)

à la + nom ....

(à le) = **au** + nom ....

l'usage des différentes prépositions de localisation *à*, *dans*, *chez*

Dans différents lieux

7 Complétez les phrases à l'aide des mots suivants :
café – les Laurent – moi – son bureau – salon – l'aéroport.

1. Je travaille chez .... aujourd'hui. – **2.** Mme Toinet est au .... de la décoration. – **3.** Monsieur le Directeur est dans .... – **4.** Les commerciaux vont à .... Roissy-Charles-de-Gaulle. – **5.** Je suis au .... avec les vendeurs. – **6.** Vous avez un dîner demain chez ....

8 Où est-ce que vous pouvez entendre les phrases suivantes ?

1. « Vos papiers, s'il vous plaît. » ....

2. « Je vous présente le Directeur. » ....

3. « Vous avez des échantillons de parfum ? » ....

4. « Voilà mon passeport. » ....

5. « Montrez-moi votre permis de conduire. » ....

6. « Désolée, le responsable des ventes est en voyage d'affaires. » ....

7. « Voici votre bureau. » ....

8. « Vous désirez, monsieur ? » ....

9. « On frappe à la porte ! » ....

10. « Vol AF 415 à destination de San Francisco. Embarquement immédiat porte numéro 6. »

....

la négation

9 La communication est mauvaise...
Complétez les phrases.
*Exemple : Allô, Allô ! Non, **je ne vais pas** à Londres, je **vais** à Francfort.*

1. Allô, Allô ! Non, je .... au bureau, je .... à l'aéroport. *(être)* – **2.** Allô, Allô ! Non, elle .... Ulla, elle .... Éva. *(s'appeler)* – **3.** Allô, Allô ! Non, ils .... le 6, ils .... le 10. *(arriver)* – **4.** Allô, Allô ! Non, il .... anglais, il .... thaïlandais. *(être)* – **5.** Allô, Allô ! Non, nous .... grossistes, nous .... détaillants. *(être)* – **6.** Allô, Allô ! Non, tu .... en Irlande, tu .... en Finlande. *(aller)* – **7.** Allô, Allô ! Non, nous .... en vacances, nous .... à un congrès. *(aller)* – **8.** Allô, Allô ! Non, vous .... à la gare du Nord, vous .... à la gare de Lyon. *(arriver)*

questionner sur des activités • le verbe *faire*

10 Qu'est-ce qu'ils font ?
A. Faites correspondre les questions et les réponses.

1. Qu'est-ce qu'elle fait ?
2. Qu'est-ce vous faites ?
3. Qu'est-ce qu'ils font ?
4. Qu'est-ce que nous faisons ?
5. Qu'est-ce tu fais ?
6. Qu'est-ce que je fais ?

a. Elle est sur le stand de la société.
b. Tu transmets mon message.
c. Nous déjeunons avec les grossistes.
d. Je téléphone.
e. Vous restez ici.
f. Ils parlent à un commercial.

B. Retrouvez la conjugaison du verbe *faire* au présent.

	1re pers.	2e pers.	3e pers.
singulier	....	....	....
pluriel	....	....	....

les pronoms toniques

⓫ Retrouvez les paires.

je elle nous elles vous tu il ils *vous nous elle elles lui eux moi toi*

Exemple : Moi, je… ....

....

....

les pronoms toniques pour souligner qui fait l'action

⓬ Complétez les phrases avec le pronom tonique qui convient.

1. ...., nous allons en Espagne et ...., elle va au Portugal.
2. ...., je reste ici et ...., tu téléphones.
3. ...., ils habitent à Londres et ...., nous sommes à Chicago.
4. ...., il est directeur et ...., elle est secrétaire
5. ...., vous êtes français et ...., il est américain.
6. ...., elles sont sur le stand et ...., ils sont en déplacement.

les pronoms toniques pour désigner plus précisément les personnes

⓭ Complétez comme dans l'exemple.

Toi et moi *(ou vous et moi, lui et moi, elle et moi, elles et moi, eux et moi), nous restons à la maison.*

1. ...., vous êtes vendeurs. – **2.** ...., ils habitent à Montréal. – **3.** ...., vous allez partir pour Rio de Janeiro. – **4.** ...., ils sont mari et femme. – **5.** ...., nous allons déjeuner.

les pronoms toniques après les prépositions *devant*, *chez*, *à*, *avec*

⓮ Dites autrement. Faites correspondre.

1. Je suis à la maison.
2. C'est juste là.
3. C'est le passeport de la dame.
4. Mlle Laurence est ma collaboratrice.
5. Nous déjeunons ensemble.

a. Ce passeport est <u>à</u> elle.
b. Mlle Laurence travaille <u>avec</u> moi.
c. C'est <u>devant</u> vous.
d. Je suis <u>chez</u> moi.
e. Je déjeune <u>avec</u> eux.

Gares, aéroports et moyens de transport

15 Êtes-vous un bon voyageur ?
Répondez par *oui, non* ou *si.*

Exemples : Le Concorde *est un avion ?* ➡ *Oui.*
Le Concorde *est un train ?* ➡ *Non.*
Le Concorde *n'est pas un avion ?* ➡ *Si.*

1. L'aéroport Roissy-Charles-de-Gaulle est au nord de Paris. .... – **2.** L'*Eurostar* ne va pas à Londres. .... – **3.** Un camion roule plus vite qu'un train. .... – **4.** Il n'y a pas d'aéroport au sud de Paris. .... – **5.** Un passager voyage en avion. .... – **6.** La gare de Lyon n'est pas à Paris. .... – **7.** À Paris, il y a six gares. .... – **8.** On ne peut pas avoir un ordinateur dans un avion. .... – **9.** Un commercial voyage beaucoup. ....

Testez-vous !

16 Comprendre un guide de voyages.

Trains directs vers l'Europe

Depuis la province comme depuis Paris,
des trains directs vous emmènent à destination de nombreux pays d'Europe :

- *Eurostar* vous conduit au centre de Londres en 3 h depuis Paris et 2 h depuis Lille.
  Ligne Directe Eurostar : 08 36 35 35 39 (0,34 €/min)
- Depuis Paris, *Thalys* vous emmène à Bruxelles en 1 h 25, à Amsterdam et à Cologne en 4 h environ.
  Ligne Directe *Thalys* : 08 36 35 35 36 (0,34 €/min)
- En Suisse, en Allemagne, en Espagne et en Italie, de nombreuses destinations sont accessibles en quelques heures par TGV ou en train de nuit.

Pour plus de renseignements, consultez le Guide International mis gratuitement
à votre disposition dans les points de vente SNCF ou appelez : LIGNE DIRECTE
08 36 35 35 35 (0,34 €/min)

1. La brochure propose des voyages :
☐ a. en car.
☐ b. en train.
☐ c. en avion.

2. *Eurostar* relie Paris à Londres :
☐ a. en 2 heures.
☐ b. en 3 heures.
☐ c. en 4 heures.

3. *Thalys* relie Paris à Amsterdam :
☐ a. en 1 heure 25. ☐ b. en 2 heures. ☐ c. en 4 heures.

4. Pour obtenir des informations pour un voyage à destination de l'Italie, il faut appeler le :
☐ a. 08 36 35 35 35. ☐ b. 08 36 35 35 36. ☐ c. 08 36 35 35 39.

pp. 34 à 41

Les bonnes adresses

la formation des *nombres composés*

Deuxième leçon de comptabilité

1 A. Observez le tableau des nombres de 1 à 69.

0 *zéro*	**10** *dix*	**20** *vingt*	**30** *trente*	**40** *quarante*	**50** *cinquante*	**60** *soixante*
1 *un*	**11** *onze*	**21** *vingt* **et** *un*	**31** *trente* **et** *un*	**41** *quarante* **et** *un*	**51** *cinquante* **et** *un*	**61** *soixante* **et** *un*
2 *deux*	**12** *douze*	**22** *vingt-deux*	**32** *trente-deux*	**42**	**52**	**62** ....
3 *trois*	**13** *treize*	**23**	**33**	**43**	**53**	**63** *soixante-trois*
4 *quatre*	**14** *quatorze*	**24**	**34**	**44**	**54** *cinquante-quatre*	**64** ....
5 *cinq*	**15** *quinze*	**25**	**35**	**45** *quarante-cinq*	**55**	**65** ....
6 *six*	**16** *seize*	**26**	**36** *trente-six*	**46**	**56**	**66** ....
7 *sept*	**17** *dix-sept*	**27**	**37** *trente-sept*	**47**	**57**	**67** ....
8 *huit*	**18** *dix-huit*	**28**	**38**	**48**	**58**	**68** ....
9 *neuf*	**19** *dix-neuf*	**29**	**39**	**49**	**59**	**69** *soixante-neuf*

B. Trouvez la règle.

a. Les nombres écrits dans les cases grises sont : ☐ des nombres simples. ☐ des nombres composés.

b. Les nombres écrits dans les cases blanches sont : ☐ des nombres simples. ☐ des nombres composés.

c. Le mot « et » est utilisé pour former les nombres :

....

....

C. Complétez le tableau. Écrivez les nombres en toutes lettres.

2 **Faites oralement les additions suivantes, puis notez le résultat en toutes lettres.**

Exemple : 8 + 10 = 18
« huit plus dix égale dix-huit »

a. 20 + 11 = ... **e.** 19 + 21 = ...

b. 50 + 9 = ... **f.** 9 + 19 = ...

c. 17 + 4 = ... **g.** 60 + 1 = ...

d. 19 + 15 = ...

donner le nom, l'adresse et le numéro de téléphone d'une société

3 **Dans un annuaire téléphonique, vous recherchez le nom, l'adresse et le numéro de téléphone :**

1. d'un loueur de voitures
2. d'un médecin
3. d'un plombier
4. d'un déménageur
5. d'un dépanneur de véhicules

Faites correspondre.

a.
Perrin
Déménagements
Transferts de bureaux
16, rue Charles de Gaulle
91 400 Orsay
Tél. 01 69 28 40 82

b.
BERNIER ASSISTANCE
Dépannage
toutes marques
24h/24
7j/7
ZA Orsay Courtabœuf
12, rue Réunion
91 440 Les Ulis
Numéro indigo 0,99 € TTC/min :
0 803 306 406

c.
Aspect 91
SARL
Plomberie
Chauffage Électricité
Climat. – PGN Confort Qualibat
91 260 Juvisy sur Orge
Téléphone/Fax : 01 69 21 28 70

d.
S.O.S.
Médical du Val d'Yerres
En l'absence de votre médecin
En cas d'urgence
seulement 24H/24
2, rue Albert Sarraut
91330 Yerres • 01 69 48 41 25

e.
ADA
Location tourisme/utilitaires
70, av. Aristide Briand
92 160 Antony
01 46 68 07 63

les verbes *vouloir* et *pouvoir*

4 **A. Retrouvez la conjugaison des verbes *vouloir* et *pouvoir* au présent.**

veu	**t**	**x**	*peu*	**ons**	*veul*	**x**	*voul*	*peu*	*pouv*	**ez**	*voul*
t	*veu*	**ent**	*pouv*	**x**	*peu*	**ent**	*veu*	**x**	*peuv*	**ez**	

	pouvoir	**vouloir**
Je	*peux*	*veux*
tu	....	....
il/elle	....	....
nous	....	....
vous	....	....
ils/elles	....	....

B. Complétez les phrases avec la forme du verbe *pouvoir* qui convient.

1. Avec le TGV, je .... me déplacer rapidement. – **2.** Avec un ordinateur, nous .... avoir une banque de données. – **3.** Avec un plan de Paris, tu .... trouver les rues. – **4.** Avec un chèque, ils .... régler les factures. – **5.** Avec un guide touristique, vous .... connaître les régions françaises. – **6.** Avec un caméscope, il .... filmer ses vacances. – **7.** Avec *Comment vont les affaires ?*, vous .... apprendre le français des affaires.

le conditionnel de politesse : verbes *pouvoir*, *vouloir*, *avoir*

5 Demandes polies

A. Lisez ces répliques et classez les verbes utilisés dans le tableau ci-dessous.

1. Vous pourriez me passer Mme Lombard, s'il vous plaît ?
2. Tu aurais une minute à m'accorder, s'il te plaît ?
3. Pourrais-je avoir vos coordonnées, s'il vous plaît ?
4. Je voudrais un gel douche, s'il vous plaît.
5. Est-ce que vous auriez un plan de Paris, s'il vous plaît ?
6. Voudriez-vous m'indiquer la direction des Champs-Élysées, s'il vous plaît ?
7. Tu pourrais me donner ton numéro de téléphone, s'il te plaît ?
8. Nous aurions un petit service à vous demander…
9. Tu voudrais bien poster ma lettre, s'il te plaît ?
10. Est-ce que nous pourrions avoir une table de huit personnes pour demain ?
11. Nous voudrions un taxi pour le 15 de la rue de la Gaieté, s'il vous plaît.

	pouvoir	**vouloir**	**avoir**	**terminaisons**
Je	....	....	....	....
Tu	....	....	*aurais*	*ais*
Nous	....	....	....	....
Vous	....	....	....	....

B. Utilisez les formules de politesse précédentes pour les situations suivantes.

1. Vous et votre collègue demandez la direction Charles-de-Gaulle-Étoile à un employé de l a RATP (= la société du métro).

....

2. Vous téléphonez à un restaurant pour réserver une table pour ce soir.

....

3. Vous êtes dans une parfumerie et désirez choisir un parfum.

....

4. Vous téléphonez à la société SAGEM. Vous désirez parler à monsieur Mulot.

....

5. Vous demandez à un ami son code postal.

....

6. Vous et votre femme demandez une chambre pour une nuit à la réception d'un hôtel.

....

7. Vous demandez un timbre à un ami.

....

8. Vous êtes dans la rue et vous cherchez le parc des Expositions. Vous demandez où il se trouve à un passant.

....

demander un chemin, indiquer la direction, situer, remercier

6 Pour chaque situation, cochez les énoncés qui conviennent.

1. Vous demandez votre chemin.

☐ a. Comment je fais pour aller à la poste ?

☐ b. Vous pouvez m'indiquer l'heure, s'il vous plaît ?

☐ c. Pourriez-vous me dire où se trouve la poste, s'il vous plaît ?

2. Vous indiquez une direction à un passant.

☐ a. Allez tout droit.

☐ b. Prenez un taxi.

☐ c. Tournez à gauche.

☐ d. Lisez l'adresse.

3. Vous situez un point dans la ville.

☐ a. C'est juste en face de vous.

☐ b. C'est tout près.

☐ c. C'est faux.

☐ d. C'est là-bas.

☐ e. C'est demain.

4. Vous remerciez.

☐ a. C'est très gentil de votre part.

☐ b. C'est très loin de chez vous.

☐ c. Vous êtes bien aimable.

☐ d. À bientôt.

☐ e. Merci beaucoup.

☐ f. De rien.

Les transports parisiens

7 Vrai ou faux ? Cochez la réponse choisie.

	Vrai	Faux
1. Le métro parisien compte 14 lignes.	☐	☐
2. Le *Météor* est une ligne de métro.	☐	☐
3. On utilise des tickets pour circuler en bus et en métro.	☐	☐
4. « RER » signifie « Réseau Express Régional ».	☐	☐
5. Le RER s'arrête dans les stations parisiennes.	☐	☐
6. La carte mensuelle de transport s'appelle la carte jaune.	☐	☐
7. On peut acheter dix tickets de métro à la fois.	☐	☐
8. On peut trouver des carnets de tickets de métro dans la plupart des bureaux de tabac.	☐	☐
9. La carte « Paris-Visite » pour les touristes est valable trois semaines.	☐	☐

Testez-vous !

8 Comprendre un article de presse.

1. Manon est :
- ☐ a. secrétaire.
- ☐ b. ingénieur.
- ☐ c. informaticienne.

2. Manon travaille :
- ☐ a. 39 heures par semaine et a droit à 2 jours de repos par mois.
- ☐ b. 35 heures par semaine.
- ☐ c. 35 heures par semaine et a droit à un jour de repos par mois.

3. Le mari de Manon travaille :
- ☐ a. dans une école.
- ☐ b. dans une société de produits pharmaceutiques.
- ☐ c. à la maison.

4. À 17 h, les enfants sont :
- ☐ a. seuls à la maison.
- ☐ b. avec leur père.
- ☐ c. avec leur mère.

Le passage aux 35 heures

Chaque semaine, nous donnons la parole à des salariés sur un thème d'actualité. Aujourd'hui, nous abordons le thème de la réduction du temps de travail.

Manon, 35 ans, informaticienne

« Je travaille dans une société de produits pharmaceutiques qui applique la loi de la réduction du temps de travail depuis un an et j'apprécie beaucoup ce changement. En ce qui me concerne, je fais toujours des semaines de 39 heures, mais je prends deux mercredis par mois pour être avec mes enfants de 6 et 8 ans. Mon mari est ingénieur dans la même société, mais lui, il a choisi de travailler 35 heures par semaine. Il peut donc rentrer chaque jour à 17 h à la maison et s'occuper des enfants avant mon retour. »

unité 5

pp. 42 à 49

Rendez-vous

parler au téléphone

1 Pour chaque situation, cochez les énoncés qui conviennent.

1. Le téléphone sonne. Vous décrochez :

☐ a. Société *Paragem*, j'écoute.

☐ b. Allô, ici la société *Paragem*.

☐ c. C'est de la part de la secrétaire.

☐ d. Non, ce n'est pas moi.

2. Vous demandez à parler à une personne.

☐ a. Pourriez-vous me passer Tom Ruis, s'il vous plaît ?

☐ b. Est-ce que je pourrais parler à Tom Ruis ?

☐ c. Un instant, s'il vous plaît.

☐ d. Je voudrais parler à Tom Ruis, s'il vous plaît.

☐ e. Je rappelle Tom Ruis.

3. C'est la personne demandée qui répond.

☐ a. Oui, c'est moi. Qui est à l'appareil ?

☐ b. Il n'est pas là.

☐ c. Ne quittez pas.

☐ d. C'est lui-même.

4. C'est une autre personne qui répond, mais la personne demandée est là.

☐ a. Ne quittez pas, je vous le passe.

☐ b. Il revient dans une heure.

☐ c. Un instant, je l'appelle. C'est de la part de qui ?

☐ d. Vous vous trompez de numéro.

5. C'est une autre personne qui répond et la personne demandée n'est pas là.

☐ a. Je regrette, il vient de sortir.

☐ b. Tom Ruis arrive.

☐ c. Désolé, il n'est pas là aujourd'hui.

☐ d. Rappelez dans une heure, il est en réunion.

☐ e. Il n'est pas dans son bureau, mais vous pouvez laisser un message.

6. Vous avez composé un numéro incorrect. La personne qui répond vous informe.

- ☐ a. Il n'y a pas de monsieur Ruis à ce numéro.
- ☐ b. Laissez un message.
- ☐ c. Vous faites erreur.
- ☐ d. Vous vous trompez de numéro.
- ☐ e. Il vous rappelle dans une heure.

2 Reconstituez l'ordre de ces deux conversations téléphoniques.

Première conversation

a. C'est de la part de qui ?
b. Pourriez-vous me passer Mme Hervé ?
c. De monsieur Jean, de la société *Gerfey*.
d. Allô, ici le service marketing.
e. Ne quittez pas, je vous la passe.

....

Deuxième conversation

A. On dîne ce soir avec tous les commerciaux. Tu veux venir ?
B. Allô, j'écoute.
C. C'est elle-même. Qui est à l'appareil ?
D. Oui, d'accord. À quelle heure ?
E. Salut Stéphanie, à tout à l'heure.
F. C'est Marc.
G. Je voudrais parler à Stéphanie, s'il vous plaît.
H. Rendez-vous au *Chat Perché*, rue Carnot à 20 heures.
I. Ah, Marc, c'est toi ! Bonjour.
J. 20 heures, c'est d'accord. Salut, à ce soir.

....

le verbe *finir* et les verbes du même type

3 A. Faites correspondre les questions et les réponses.

1. *Vous finissez* tous les jours à quelle heure ?	**a.** Non, il travaille déjà.
2. *Il finit* ses études ?	**b.** *Je finis* de rédiger un rapport.
3. Qu'est-ce que tu fais ?	**c.** *Nous finissons* à 19 heures.
4. Elles commencent leur repas.	**d.** Non, *elles finissent* leur dessert.

B. Pour conjuguer le verbe *finir* au présent, on utilise deux radicaux différents : *fini* et *finiss*.

a. Le radical *fini* est utilisé pour les personnes : ....

b. Le radical *finiss* est utilisé pour les personnes : ....

4 **Voici une liste de verbes qui se conjuguent de la même façon que *finir* :**
choisir – se réunir – grossir – maigrir – rougir.
Complétez les phrases avec le verbe qui convient.

1. Les commerciaux .... chaque semaine pour faire le bilan des ventes. – **2.** Vous .... un vin rouge ou un vin blanc ? – **3.** Il est très timide, il .... très facilement. – **4.** Quand je mange trop, je .... – **5.** Quand elle fait un régime, elle .... de 4 ou 5 kilos en un mois !

exprimer l'intensité

5 **Associez ces réactions à leur explication (la plus logique).**

1. J'ai très envie de partir,
2. J'ai très faim,
3. J'ai très soif,
4. J'ai très chaud,
5. J'ai très froid,

a. je n'ai pas de pull-over.
b. il fait 30°.
c. j'ai besoin de vacances.
d. je vais allez déjeuner.
e. je prendrai bien une bouteille d'eau.

6 **A. Complétez les phrases avec *très* ou *beaucoup*.**

La nouvelle secrétaire : Elle parle .... bien anglais. Elle téléphone .... Elle est .... élégante et .... aimable. Elle utilise .... son ordinateur.

Le nouveau directeur : Il est .... sérieux. Il a un .... grand bureau, il travaille .... ; il a .... envie de réussir.

B. À votre tour, faites oralement le portrait de M. Lucas, le nouveau commercial. Utilisez les mots suivants : *sympathique, dynamique, sportif, parler, voyager* + **une marque d'intensité (*très, beaucoup*).**

dire qu'on aime ou qu'on n'aime pas

7 **Faites correspondre les symboles et les phrases pour indiquer avec quelle intensité on aime (ou on n'aime pas) ce restaurant.** *J'aime beaucoup – Je déteste – J'aime – J'adore – Je n'aime pas – Je n'aime pas beaucoup.*

a.  .... ce restaurant.
b.  .... ce restaurant.
c.  .... ce restaurant.
d.  .... ce restaurant.
e.  .... ce restaurant.
f.  .... ce restaurant.

8 **Lisez la liste suivante :** *l'avion – le métro – le bus – les voyages – le dimanche – le lundi – le fromage – le vin – les ordinateurs.* **Dites si vous aimez ou si vous n'aimez pas.**

Exemple : J'aime beaucoup le fromage.

....

....

....

....

....

....

....

....

....

les adjectifs interrogatifs *quel/quels – quelle/quelles*

Quelle question ? Quelle réponse ?

9 **A. Faites correspondre les questions et les réponses.**

1. Quelle est votre profession ?
2. Quel jour voulez-vous partir ?
3. Quelle heure est-il ?
4. Dans quels pays exportez-vous ?
5. Quel vin aimez-vous ?
6. Quelles villes de France aimez-vous ?

a. Paris et Toulouse.
b. En Allemagne et en Belgique.
c. Le bordeaux.
d. Ingénieur.
e. Mardi.
f. 12 heures.

B. Complétez le tableau suivant.

Pour demander une information sur quelqu'un ou quelque chose.

	masc.	**fém.**			**masc.**	**fém.**	
sing.	....	....	+ nom	**pl.**	....	....	+ nom

10 **Vous êtes curieux ? Demandez-lui :**

a. son nom
b. sa nationalité
c. ses projets professionnels
d. la date de ses vacances
e. sa date de naissance
f. son adresse

Exemple : Quel est votre nom ?

....

....

....

....

....

exprimer la certitude et l'incertitude

⓫ Voici quelques affirmations. Réagissez en exprimant oralement une certitude ou une incertitude.

Exemples : Je suis sûr(e)/certain(e) que oui/non.
Je suis absolument sûr(e)/certain(e) que oui/non.
(Non), je ne suis pas sûr(e)/certain(e).
Je crois que oui/non.
J'espère que oui/non.

1. Actuellement, il y a 58 millions de Français.
2. Les femmes travaillent plus que les hommes.
3. On peut boire du vin blanc avec du roquefort.
4. Vous parlez très bien français.
5. Vous allez dîner dans un restaurant demain.
6. L'emmenthal est un fromage français.
7. Les Français adorent manger.
8. Il y a des laits hydratants pour le visage et pour le corps.
9. 4 + 4 = 8.
10. Vous allez gagner plus d'argent.

ℹ Les vins et les fromages français

⓬ Vrai ou faux ? Cochez la réponse choisie.

	Vrai	Faux
1. Le savarin est un fromage français.	☐	☐
2. Les femmes boivent plus de vin que les hommes.	☐	☐
3. Le *Soleil du Poitou* est un vin rouge.	☐	☐
4. Moins de la moitié des Français mangent du fromage.	☐	☐
5. On sert du vin dans un repas d'affaires.	☐	☐
6. En général, les vins de Bordeaux sont servis dans des bouteilles de 75 cl.	☐	☐
7. La consommation de vin a doublé en trente ans.	☐	☐
8. Les Français consomment en moyenne 6 litres de vin par an et par personne.	☐	☐

Testez-vous !

⓭ Comprendre une carte de visite de restaurant.

1. Vous pouvez réserver une table « Chez l'ami Jean » :
   - ☐ a. le lundi pour déjeuner.
   - ☐ b. le dimanche pour dîner.
   - ☐ c. à midi, le dimanche.

2. Le restaurant « Chez l'ami Jean » est ouvert :
   - ☐ a. de midi à minuit.
   - ☐ b. de midi à 3 heures et de 7 heures à minuit.
   - ☐ c. de minuit à midi.

Restaurant
Chez l'ami Jean

Repas gastronomiques
Repas d'affaires

14, rue de Paris – 78 000 Versailles
Ouvert de 12 h à 15 h et de 19 h à 24 h
Fermé du dimanche soir au lundi soir

pp. 50 à 57

Passer commande

les articles partitifs *du, de la, de l'*

1 Paniers garnis

A. Lisez cette liste de produits :

de la confiture – du dentifrice – des gâteaux – du shampooing – de l'eau de toilette – du pâté de canard – du fromage – de la crème solaire – de l'eau minérale.

B. Remplissez ensuite le panier de produits de toilette et le panier de produits alimentaires.

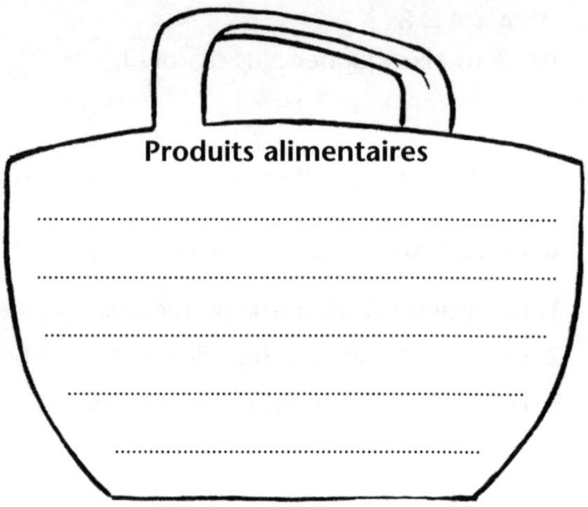

C. Quelles formes a-t-on utilisées pour indiquer ces produits ? Complétez le tableau.

les partitifs			
sing.	masc. du	fém.	+ nom du produit
	.... + voyelle (ou *h* muet)		
pl.	....		

On parle de quantités : ☐ précises ☐ non comptables ☐ positives ☐ négatives

les quantités négatives : *pas de* + nom

Produits de toilette	**Produits alimentaires**
des fleurs ; du savon ; de la crème hydratante ; de la confiture ; du vin	du miel ; du parfum ; des noix ; du shampooing ; de la crème solaire

2 **A. Complétez les phrases.**

a. Dans un panier de produits de toilette, il n'y a pas de fleurs, ...

....

b. Dans un panier de produits alimentaires, il n'y a pas de shampooing, ...

....

B. Complétez.

Quantités positives		**Quantités négatives**
du vin	➡	.... vin
de la confiture	➡	.... confiture
de l'eau	➡	.... eau
des fleurs	➡	.... fleurs

les différentes façons de préciser une quantité

3 **A. Associez chaque produit à son conditionnement.**
de la bière ➡ une canette de bière

1. du fromage ➡ ....

2. de la confiture ➡ ....

3. des œufs ➡ ....

4. du dentifrice ➡ ....

5. du chocolat ➡ ....

6. du vin ➡ ....

7. de l'eau de toilette ➡ ....

8. des fleurs ➡ ....

9. du pâté en conserve ➡ ....

une canette de

a. une bouteille de

b. un bouquet de

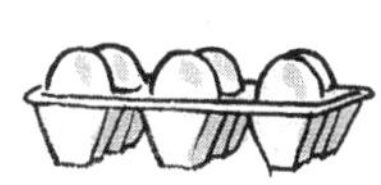

c. six

d. un pot de

e. un tube de

f. une boîte de

g. une tablette de

h. un flacon de

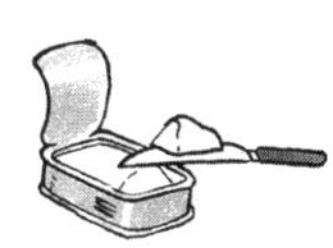

i. un morceau de

B. Trouvez la règle.

Quelle structure est souvent utilisée pour préciser la quantité (le conditionnement) :

unité de grandeur + ... + nom du produit

Mais on dit six ....

Pourquoi ? ....

avoir besoin de + nom

4 Tu as besoin de quelque chose ?
Faites correspondre.

1. C'est la fin du mois,	**a.** j'ai besoin de calme.
2. Je suis seul(e),	**b.** je n'ai besoin de rien.
3. Je ne peux plus écrire,	**c.** j'ai besoin de papier.
4. Tout va bien,	**d.** j'ai besoin d'argent.
5. Je suis stressé(e),	**e.** je n'ai plus besoin de vous.
6. Vous pouvez partir,	**f.** j'ai besoin d'eau.
7. J'ai soif,	**g.** j'ai besoin de vacances.
8. Je suis fatigué(e),	**h.** j'ai besoin d'amour.

les verbes en *-ir* du 3e groupe, type *partir*

5 A. Retrouvez la conjugaison du verbe *partir* au présent.

s	par	*ez*	part	*t*	par	*s*	par	part	*ent*	*ons*	part

Je *par* *s* — Nous ....

Tu .... — Vous ....

Il/Elle .... — Ils/Elles ....

B. Pour conjuguer le verbe *partir* au présent, on utilise deux radicaux différents :

a. Le radical *par* est utilisé pour les personnes : ....

b. Le radical *part* est utilisé pour les personnes : ....

les verbes en *-ir* du 3e groupe, type *venir*

6 A. Retrouvez la conjugaison du verbe *venir* au présent.

s	vien	ven	vienn	*ent*	ven	*s*	*ez*	vien	*t*	*ons*	vien

Je .... — Nous ....

Tu .... — Vous ....

Il/Elle .... — Ils/Elles *viennent*

B. Pour conjuguer le verbe *venir* au présent, on utilise trois radicaux différents : *vien, ven, vienn.*

a. Le radical *vien* est utilisé pour les personnes : ....

b. Le radical *ven* est utilisé pour les personnes : ....

c. Le radical *vienn* est utilisé pour les personnes : ....

7 A. Complétez les phrases avec la forme du verbe qui convient.

1. Qu'est-ce que je vous ...., monsieur ? *(servir)*

2. Nos commerciaux .... à Marseille pour le congrès. *(partir)*

3. Bien, Monsieur, je .... le dossier immédiatement. *(sortir)*

4. Elle .... bon, cette eau de toilette ! *(sentir)*

5. Ces vins .... de France. *(venir)*

6. Tu .... à quelle heure ? *(partir)*

7. Sur ce site, nous .... nos clients dans les 48 heures. (*servir*)

8. Vous .... pour l'annonce ? Un instant, s'il vous plaît. *(venir)*

B. Dites où on peut entendre ces différentes répliques. (Plusieurs réponses sont possibles.)

Dans : **a.** une gare - **b.** une parfumerie - **c.** un bureau - **d.** un restaurant.

....

....

passer commande

8 Reconstituez la conversation à partir des répliques données dans le désordre.

a. Oui, bien sûr, qu'est-ce que vous voulez commander ?

b. Pas si vite, je note : du papier, des chemises, des enveloppes. C'est tout ?

c. Je peux passer ma commande de fournitures ?

d. J'ai besoin de beaucoup de choses : je n'ai plus de papier, plus de chemises, plus d'enveloppes.

e. Oui, je crois.

c., ...

Courses et déjeuners

9 Vrai ou faux ? Cochez la réponse choisie. **Vrai Faux**

	Vrai	Faux
1. Les Français effectuent la moitié de leurs achats dans les hyper ou les supermarchés.	☐	☐
2. On peut aussi faire des courses sur le marché.	☐	☐
3. Les gens qui travaillent font toujours leurs courses dans les épiceries de quartier.	☐	☐
4. En France, un repas sur deux est pris à la maison.	☐	☐
5. On utilise des tickets-restaurant pour faire ses courses sur le marché.	☐	☐
6. Les épiceries de quartier sont des commerces de proximité.	☐	☐
7. Une cantine d'entreprise s'appelle aussi une supérette.	☐	☐

Testez-vous !

10 Comprendre un extrait de catalogue de vente par correspondance de matériel de bureau.

1. Tous les appareils vendus sont garantis :

☐ a. pendant 2 ans.

☐ b. pendant 3 ans.

☐ c. pendant 5 ans.

2. La garantie concerne tous les appareils :

☐ a. de sécurité.

☐ b. du catalogue.

☐ c. de bureautique, d'informatique et de télécommunication.

3. En cas de problème :

☐ a. Les articles sont automatiquement changés.

☐ b. Les articles sont réparés dans votre entreprise.

☐ c. Les articles sont réparés dans les locaux de la société *Bureau*.

Catalogue
Bureau

Les garanties et les extensions de garantie vous offrent le choix des formules pour la sécurité maximum après la mise en service de vos appareils

La garantie retour atelier 2 ans minimum

Toujours en avance, notre société garantit 2 ans minimum, gratuitement, tous les articles de bureautique, informatique ou télécommunication de votre catalogue. Sur certains articles, cette garantie peut aller de 3 à 5 ans.

unité 7

pp. 58 à 65

Combien ça coûte ?

le genre, le nombre et la place des adjectifs

Ils ont de grandes qualités !

1 A. Complétez avec *un/une, des* (*de*).

1. .... bonne vendeuse
2. .... gentille lettre
3. .... beaux yeux
4. .... nouvelle promotion
5. .... grands magasins
6. .... petite pointure
7. .... dernière commande
8. .... pull noir
9. .... tarif intéressant
10. .... commerciaux exceptionnels
11. .... dépannage rapide
12. .... moteur coréen
13. .... veste blanche
14. .... personne sympathique

B. Deux de ces adjectifs ont la même forme au masculin et au féminin. Lesquels ?

....

2 Trouvez l'adjectif.

1. Une réduction e _ _ _ _ _ _ _ _ _ _ _ _ _ e
2. Un g _ _ s pull
3. Une j _ _ _ e femme
4. Un manteau n _ _ f
5. Une g _ _ _ _ e taille
6. Des chaussettes b _ _ _ _ _ _ s
7. Une g _ _ _ _ e panne
8. Un m _ _ _ _ _ s vendeur
9. Un P _ _ _ _ _ r ministre
10. De v _ _ _ _ _ _ s chaussures
11. Un tailleur c l _ _ _ _ _ _ e
12. Des chaussures i t _ _ _ _ _ _ e s

acheter, donner des appréciations

3 A. Qui prononce ces paroles : *la vendeuse* (V) ? *le client* (C) ?

a. Quelle taille faites-vous ? (...)
b. Combien coûte-t-il ? (...)
c. Monsieur, vous désirez ? (...)
d. Je vais essayer. (...)
e. J'ai besoin d'un pantalon gris, classique. (...)
f. 160 euros. (...)
g. Nous avons ce nouveau modèle qui est très bien. (...)
h. Du 50. (...)

B. Retrouvez l'ordre de cet échange.

c., ...

4 **Pour chaque situation, trouvez l'énoncé qui convient.**

1. Le client demande un article dans un magasin.
- ☐ a. J'aime beaucoup cette veste.
- ☐ b. Je cherche une veste.
- ☐ c. Je vous recommande cette veste.

2. Le client donne des appréciations positives.
- ☐ a. Elle est très bien.
- ☐ b. Je n'aime vraiment pas.
- ☐ c. Elle est en solde.

3. Le client fait des objections.
- ☐ a. C'est trop cher.
- ☐ b. Ce n'est pas assez cher.
- ☐ c. C'est parfait.

4. Le client demande un prix.
- ☐ a. Combien de vestes avez-vous ?
- ☐ b. Combien coûte-t-elle ?
- ☐ c. Quelle taille faites-vous ?

les verbes en *-dre* de type *entendre*, *répondre*, *vendre*, *attendre*

5 **A. Retrouvez la conjugaison du verbe *attendre* au présent.**

ent	Ils/Elles	*ez*	attend	Vous	attend	Tu	attend
attend	L'	*s*	Il/Elle	attend	*ons*	Nous	attend	*s*

Singulier	Pluriel
....	....
....	....
....	....

B. Combien de radicaux utilise-t-on ? ....

6 **Complétez les phrases avec la forme du verbe qui convient.**

1. Qu'est-ce que vous .... ? *(vendre)* – **2.** Tu .... ton collègue ? *(attendre)* – **3.** Je n' .... pas très bien. *(entendre)* – **4.** Ce commerçant ne .... pas de vin. *(vendre)* – **5.** Nous .... rapidement à vos appels. *(répondre)* – **6.** Ils vous .... dans la salle de réunion. *(attendre)*

les verbes en *-dre* de type *prendre*, *apprendre*, *comprendre*

7 **A. Retrouvez la conjugaison du verbe *prendre* au présent.**

prend	*ez*	pren	*ent*	prenn	*s*	prend	*s*	pren	*ons*	prend

Je	....	Nous	....
Tu	....	Vous	....
Il/Elle	....	Ils/Elles	*prennent*

B. Combien de radicaux utilise-t-on ? ....

8 Complétez les phrases avec la forme du verbe qui convient.

1. Vous .... cette langue ? *(comprendre)* – **2.** J' .... le français avec *Comment vont les affaires* ? *(apprendre)* – **3.** Qu'est-ce qu'on .... pour le dîner ? *(prendre)* – **4.** Nous .... vos objections. *(comprendre)* – **5.** Tu .... ton manteau pour aller dîner ? *(prendre)* – **6.** Ils .... le train de 18h00. *(prendre)*

exprimer l'intensité (positive et négative), l'exclusivité et la quantité excessive

9 A. Complétez les phrases avec un adverbe choisi dans la liste suivante :
particulièrement – incroyablement – vraiment – horriblement – très – exclusivement – trop.
(Plusieurs réponses sont possibles.)

1. Vous avez fait une erreur. ➡ Je suis .... désolé(e) !

2. C'est la fin d'une longue journée de travail. ➡ Je suis .... fatigué(e) !

3. Vous n'appréciez pas un prix. ➡ C'est .... cher !

4. Vous parlez une seule langue. ➡ Je parle .... anglais.

5. Vous appréciez le confort de votre voiture. ➡ Elle est .... confortable !

6. Vous critiquez le temps qu'il fait. ➡ Il fait .... mauvais !

7. Vous appréciez la beauté d'une collègue. ➡ Elle est .... belle !

B. Complétez le tableau de classement avec les adverbes utilisés.

Pour marquer :

une intensité positive	une intensité négative	une exclusivité	une quantité excessive
–	–	–	– ....
– particulièrement	–		– ....
– vraiment	– particulièrement		
	– vraiment		

C. Complétez la règle d'usage.

Beaucoup d'adverbes se forment à partir de l'adjectif correspondant.

On prend l'adjectif au féminin comme radical et on ajoute la terminaison ....
Exemple : exclusive-ment. Exception : vraiment.

Remarque : « très » et « trop » ne sont pas construits à partir d'adjectifs.

Factures et taxes

10 Vrai ou faux ? Cochez la réponse choisie.

	Vrai	Faux
1. T.V.A. signifie « taxe sur la valeur ajoutée ».	☐	☐
2. Les taxes représentent la moitié du prix d'un litre d'essence.	☐	☐
3. On peut faire changer ses pneus dans une station-service.	☐	☐
4. BF est le nom d'un distributeur d'essence.	☐	☐
5. Le taux de la T.V.A. est de 5,5 % sur les livres.	☐	☐
6. Les produits alimentaires sont plus taxés que les hôtels.	☐	☐
7. T.T.C. signifie « toutes tarifications comprises ».	☐	☐
8. Il existe trois taux de T.V.A. en France.	☐	☐

Testez-vous !

11 Comprendre un extrait de catalogue de vente par correspondance.

Jupe longue
100 % coton
vert : réf. 14025
rouge : réf. 14024
taille : du 36 au 44
prix : 62 €

Chemise col classique
bleu : réf. 25452
blanc : réf. 25453
taille : du 37 au 44
prix : 45 €

Pantalon homme
100 % laine – 2 poches
beige : réf. 58978
marron : réf. 58745
taille : du 38 au 50
prix : 182 €

1. Vous pouvez commander :
☐ a. des mocassins.
☐ b. des vêtements pour femme.
☐ c. des chaussures classiques.

2. Vous pouvez commander :
☐ a. un vêtement de couleur beige pour femme.
☐ b. un vêtement pour homme taille 40.
☐ c. une jupe blanche taille 40.

3. Quel est le tarif de la chemise ?
☐ a. 25452.
☐ b. de 37 à 44.
☐ c. 45 €.

4. Qu'est-ce qui est très cher ?
☐ a. La jupe.
☐ b. Le pantalon.
☐ c. La chemise.

pp. 66 à 73

Bon appétit !

lire un menu, commander

1 Reconstituez le menu. Trouvez les lettres manquantes.

Entrées
- as _ _ _ _ te d _ cr _ _ _ _ _ s
- t _ rr _ _ e de _ ap _ _ aux p _ _ _ _ aux
- _ _ up _ à l'_ _ _ _ on
- av _ _ _ t _ _ x _ re _ _ _ _ es

❄

Poissons
- d _ _ _ ade _ _ f _ _ _
- t _ _ _ _ e _ _ x a _ _ _ d _ _

❄

Viandes
- en _ _ _ _ ô _ _ _ _ _ oi _ r _
- _ ôt _ _ _ _ _ es d'_ gn _ _ _

❄

Desserts
- _ _ o _ ag _ s

ou
- p _ of _ _ _ _ _ _ _ s

ou
- s _ rb _ _ s m _ _ s _ _

2 Chassez l'intrus. Quel plat n'a pas sa place sur une carte de restaurant de poissons ?

des moules – un bar – une truite – du thon – du veau – une daurade – des coquilles Saint-Jacques – du saumon – des fruits de mer

l'impératif des verbes de toutes les catégories

Commandez !

3 A. Qui parle : *un client* (C) ? *un serveur* (S) ?

1. Choisissez un bordeaux. (...)

2. Attendons la suite. (...)

3. Consultez notre carte des vins. (...)

4. Donnez-nous une autre bouteille de vin. (...)

5. Commandons une bouteille d'eau gazeuse. (...)

6. Prenons un apéritif. (...)

B. Trouvez la règle.

Ces formes de verbes sont identiques aux formes du .... , mais les pronoms personnels .... et .... ne sont pas exprimés.

L'impératif est utilisé ici pour : – commander (phrase 4),
– conseiller (phrases 1 et 3),
– suggérer (phrases 2, 5 et 6).

4 A. Lisez ces phrases. À votre avis, qui parle et à qui : a. *le garçon à un client* ? b. *un client à sa femme* ? c. *un client à ses amis* ?

1. Lis le menu. – **2.** Prends du poisson. – **3.** Attends un instant. – **4.** Choisis un vin léger. – **5.** Regarde la carte. – **6.** Change de place.

Quel pronom personnel est sous-entendu ? ....

B. Trouvez la règle.

À l'impératif, la forme du verbe conjugué à la 2e personne du singulier est différente de la forme du .... pour les verbes du .... groupe : pas de *s*.

5 Complétez le tableau avec les différentes formes de ces verbes irréguliers :
aie – va – soyez – sois – allons – allez – ayez – soyons – ayons

impératifs irréguliers			
	aller	**être**	**avoir**
2e pers. sing.	....	....	....
1re pers. pl.	....	....	....
2e pers. pl.	....	....	....

6 Complétez les répliques avec la forme du verbe à l'impératif qui convient.

1. Dans un magasin. La vendeuse conseille, le client commande.

La vendeuse : .... ce modèle, il est vraiment très élégant. *(essayer)*

Le client : Très bien, mais ....-moi une grande taille. *(donner)*

2. Dans le métro. Un employé guide un touriste.

.... votre ticket (*composter*), ... toujours votre ticket sur vous (*avoir*), ... à Concorde (*changer*), puis .... à Charles-de-Gaulle-Étoile (*descendre*).

3. Au bureau. Un directeur à sa secrétaire.

....................................-moi le dossier Durand (*apporter*), ... un compte rendu de la situation (*faire*), ... chercher mon associé à la gare (*aller*), et surtout .... à l'heure à la réunion (*être*) !

commander, donner des appréciations, convaincre

7 Pour chaque situation, trouvez les énoncés qui conviennent.

1. Vous commandez un plat ou une consommation.
   - ☐ a. Pour moi, ce sera un poulet.
   - ☐ b. Je vais acheter un melon au porto.
   - ☐ c. Je vais prendre un bordeaux.
   - ☐ d. Donnez-moi un sorbet.
   - ☐ e. Puis-je avoir une tarte ?

2. Vous critiquez un plat.
   - ☐ a. C'est trop cuit.
   - ☐ b. C'est horriblement sec.
   - ☐ c. Ce n'est pas frais.
   - ☐ d. C'est excellent.
   - ☐ e. Ce n'est pas assez cuit.

3. Vous voulez convaincre du choix d'un plat : Prends plutôt le canard,
   - ☐ a. il est succulent.
   - ☐ b. il est presque cru.
   - ☐ c. il est meilleur que le poulet.
   - ☐ d. il est aussi bon que chez Ducrot.
   - ☐ e. il est très gras.

les comparatifs

La cuisine et vous

8 A. Répondez au questionnaire. Cochez la réponse choisie.

Questionnaire

1. Les restaurants de poissons sont	❑ plus chers ❑ aussi chers ❑ moins chers	que les restaurants traditionnels ?
2. La cuisine chinoise est	❑ meilleure ❑ aussi bonne ❑ moins bonne	que la cuisine française ?
3. Le canard est	❑ plus gras ❑ aussi gras ❑ moins gras	que le poulet ?
4. Le munster est	❑ plus fort ❑ aussi fort ❑ moins fort	que le brie ?
5. La crème brûlée est	❑ plus difficile ❑ aussi difficile ❑ moins difficile	à faire que la tarte au citron ?
6. Le bourgogne est	❑ plus lourd ❑ aussi lourd ❑ moins lourd	que les vins de Loire ?

B. Pour chaque proposition, il y a le choix entre trois possibilités parce que :

☐ a. on explique deux choses ? ☐ b. on compare deux choses ? ☐ c. on conseille deux choses ?

C. Trouvez la règle. Complétez le tableau.

Comparer une qualité
+ ➠ ....
= ➠ .... + adjectif (+ *que*…)
– ➠ ....
Exception : l'adjectif (+) *bon* ➠ ....

❾ Faites des comparaisons, comme dans l'exemple.

la viande/le poisson – bon (=) ➠ La viande est aussi bonne que le poisson.

Attention : accordez l'adjectif en genre et en nombre.

1. Le vin d'Alsace/le bordeaux – fruité (+)

....

2. La carte/le menu – complet (+)

....

3. Les profiteroles/la tarte au citron – riche en calories (+)

....

4. La daurade au four/le bar à l'oseille – cher (=)

....

5. Le menu « affaires »/le menu gastronomique – avantageux (+)

....

6. Les entrées/les desserts – nombreux (–)

....

7. Le nouveau maître d'hôtel/l'ancien – compétent (=)

....

8. L'eau minérale/l'eau plate – bon (+)

....

les adjectifs possessifs

Scoop-entreprises

❿ A. Lisez les dernières nouvelles sur la vie des entreprises.

1. L'entreprise ALLO est heureuse d'annoncer la création de ***sa*** nouvelle filiale au Brésil.

2. Les sociétés DEMCO et DEMEXPRESS annoncent ***leur*** fusion avec la Compagnie Générale des Déménageurs.

3. Le directeur général de YACO démissionne : il quitte ***son*** poste le 1er septembre.

4. Transfert du siège de la société BARDEX. Les employés vont occuper ***leurs*** nouveaux locaux à Clichy à partir du 1er octobre.
5. Le directeur de DEMCO vous communique ***son*** adresse confidentielle : BP 30 200 Paris Cedex.
6. Conflit au sein de l'entreprise MAMBO : ***ses*** employés veulent arrêter le travail.
7. Crise pour les produits ORTIS : ***leur*** exploitation a diminué de 20 % en trois mois.
8. Les salariés de la société FILMAR saluent l'arrivée de ***leur*** nouvelle directrice des ventes Caroline Leblanc.

B. Trouvez la règle d'usage des adjectifs possessifs (*son – sa – leur – ses – leurs*) utilisés dans les précédentes annonces. Complétez.

adjectifs possessifs		
nom	*un possesseur*	*plusieurs possesseurs*
masc. sing.	....	*leur*
fém. sing.	....	....
fém. sing. + voyelle (ou *h* muet)	....	....
pl.	....	....

⓫ Complétez ces annonces avec les adjectifs possessifs qui conviennent.

1. Après 48 heures de négociations, la société RECORD accorde une augmentation de 10 % à .... employés.
2. Le P.-D.G. d'ALVACO en grave désaccord avec .... salariés : il refuse de satisfaire .... revendications.
3. Le personnel de SAGEM est inquiet : .... directeur a de graves problèmes de santé.
4. Les employés de DEMCO sont en colère : le directeur général refuse l'aménagement de .... horaires de travail.
5. La société EXPAT modifie .... politique d'expansion économique.
6. Scandale chez PIFEX : le directeur et .... épouse condamnés pour fraude.
7. Les employés de SACCOR sont en conflit avec .... P.-D.G.

ℹ La cuisine française

⓬ Vrai ou faux ? Cochez la réponse choisie.

	Vrai	Faux
1. La plupart des Français adorent manger.	☐	☐
2. Le bœuf bourguignon est un hors-d'œuvre.	☐	☐
3. La cuisine est un loisir aussi apprécié que la promenade dans les espaces verts.	☐	☐
4. Dans un grand restaurant, c'est le sommelier qui propose la carte des vins.	☐	☐
5. Paul Bocuse est le nom d'un célèbre sommelier.	☐	☐
6. Plus de la moitié des couverts dans les restaurants de luxe sont des repas d'affaires.	☐	☐
7. Dans un grand restaurant, c'est le garçon qui prend la commande.	☐	☐
8. Les sociétés françaises sont favorables aux repas d'affaires, mais désirent y consacrer moins d'argent.	☐	☐
9. La choucroute est le nom d'un dessert.	☐	☐
10. On doit signer un contrat à la fin d'un repas d'affaires (au moment du café).	☐	☐

Testez-vous !

⓭ Comprendre une annonce de restaurant.

Le Volcan

10, rue Thouin – 75 005 Paris

01 46 33 38 33

Du mardi au dimanche, Midi et soir
Entre 10 et 15 €

Les menus comprennent une entrée, un plat et un dessert, même le soir. La boisson est comprise au déjeuner. Cuisine française traditionnelle avec quelques expériences grecques, notamment une délicieuse moussaka. Petit restaurant populaire.

1. Au restaurant « Le Volcan » :
- ☐ a. on peut déjeuner le lundi.
- ☐ b. on peut dîner tous les soirs de la semaine.
- ☐ c. on peut déjeuner six jours par semaine.

2. Le restaurant « Le Volcan » propose :
- ☐ a. des plats français et des plats grecs.
- ☐ b. seulement des plats français.
- ☐ c. surtout des plats étrangers.

3. Les menus du soir comportent :
- ☐ a. un seul plat.
- ☐ b. un hors-d'œuvre, un plat principal et un dessert.
- ☐ c. un hors-d'œuvre et un plat principal.

4. La boisson est comprise :
- ☐ a. au menu du midi.
- ☐ b. au menu du soir.
- ☐ c. au menu du dimanche soir.

5. Le restaurant « Le Volcan » est :
- ☐ a. un restaurant de luxe.
- ☐ b. un restaurant d'entreprise.
- ☐ c. un restaurant bon marché.

Voyager

exprimer le moment, la manière, la localisation

1 Lisez puis classez les expressions.

dans la journée – en train de nuit – tôt – pour Marseille – en TGV – à 10h30 – sur le quai n° 3 – dans la salle d'attente – tard – en 1re classe – dans la matinée – en couchette – à la gare de Lyon – dans la soirée – en wagon-lit – au guichet n° 9 – à Lille – dans le wagon-restaurant – le matin – en TER – en place assise – dans l'après-midi – au départ de Paris – en voiture non-fumeurs – le soir

Informations

quand ?	où ?	comment ?
....	....	....
....	....	....
....	....	....
....	....	....
....	....	....
....	....	....
....	....	....
....	....	....
....	....	....

2 Lisez les informations communiquées par un employé de gare.
Trouvez et corrigez les erreurs.

1. « Oui, il y a deux TGV pour Paris dans la matinée : un à 16h10 et un autre à 18h00. »

....

2. « L'avion n° 2010 à destination de Marseille part quai n° 1 à 8h10. »

....

3. « Si vous prenez le TGV, vous pouvez voyager en 1re classe ou en classe économique. »

....

4. « Le TGV qui part de Paris à 8 heures du matin arrive à 10 heures du soir à Lyon. »

....

5. « Le vol n° 102 comporte des wagons-lits. »

....

6. « TGV ? Ça signifie Train à Grandes Voitures. »

....

l'interrogation

3 Vous partez en voyage ?
A. Faites correspondre les questions et les réponses.

1. Quand partez-vous ?
2. Où allez-vous ?
3. Avec qui part-il ?
4. Est-ce que nous pouvons prendre nos billets maintenant ?
5. Combien êtes-vous ?
6. Désirez-vous un aller-retour ?
7. Comment allez-vous régler ?
8. Vous voyagez de nuit ?

a. Oui, bien sûr.
b. Avec son assistant.
c. Non, un aller simple.
d. Par carte bleue.
e. À Nice.
f. Non, non, de jour.
g. Huit au total.
h. Demain, dans la matinée.

B. Classez ensuite les questions.

Questions fermées **Réponses possibles : oui/non**	**Questions ouvertes** **Nombreuses réponses possibles**
....	....
....	....
....	....
	....
	....

C. Voici trois schémas. Ils représentent les trois structures possibles pour les questions fermées. Prenez comme modèle les questions ci-dessus. Trouvez deux questions pour illustrer chaque schéma.

a. *Est-ce que* + sujet + verbe … ?

.... ?

.... ?

b. sujet + verbe … ?

.... ?

.... ?

c. verbe + sujet … ?

.... ?

.... ?

le futur proche *aller* + inf. • le passé récent *venir de* + inf.

4 Voyager dans le temps
Faites correspondre.

1. Pars vite,
2. Désolé, ils ne sont pas là,
3. Je suis content,
4. Nous sommes en retard,
5. Je vous félicite,
6. J'ai envie de manger du poisson,
7. Le directeur part demain,

a. tu vas rater ton train.
b. nous allons prendre un taxi.
c. vous venez de gagner un nouveau marché !
d. ils viennent de sortir.
e. je vais prendre une sole.
f. ils vont être tranquilles !
g. je viens de signer un nouveau contrat.

les constructions avec l'infinitif : *aller* + inf. = futur proche • *venir de* + inf. = passé récent • *devoir* + inf. = expression de l'obligation • *pouvoir* + inf. = expression de la possibilité • formes positives et négatives : *je peux/je ne peux pas* + inf.

5 Chassez l'intrus !
Pour chaque situation, barrez l'énoncé qui ne vous semble pas réaliste.

1. Vous avez un rendez-vous extérieur.
Vous êtes pressé(e).
a. Je ne peux pas attendre.
b. Je vais attendre.
c. Je ne peux pas partir plus tard.
d. Je dois partir.

2. Vous faites un régime alimentaire très sévère.
a. Je ne dois pas manger de chocolat.
b. Je peux prendre un apéritif.
c. Je dois boire un litre d'eau par jour.
d. Je dois faire du sport.

3. Vous avez raté votre train.
a. Mon train vient de partir.
b. Je ne peux pas arriver à l'heure prévue.
c. Mon train va partir.
d. Je dois attendre le suivant.

4. Dans un avion : l'hôtesse s'adresse aux passagers avant le décollage.
a. Vous devez attacher votre ceinture.
b. Vous ne pouvez pas utiliser votre ordinateur.
c. Vous allez fumer.
d. Vous devez rester assis.

l'heure parlée

6 A. Observez ces deux listes.

1. midi et quart
midi moins le quart
minuit et demie
midi
minuit

2. une heure cinq
une heure dix
une heure vingt
une heure vingt-cinq
deux heures moins vingt-cinq
deux heures moins vingt
deux heures moins dix
deux heures moins cinq

B. Trouvez la règle. Pour donner l'heure au quotidien, on utilise :

a. des nombres (liste n° ....) ;

b. des expressions spécifiques (liste n° ....) :

– pour dire les heures : 12 h = ...

00 h = ...

– pour dire les minutes : 15′ = ...

30′ = ...

45′ = ...

C. Placez les heures et les minutes de la liste 1 sur le cadran ci-contre.

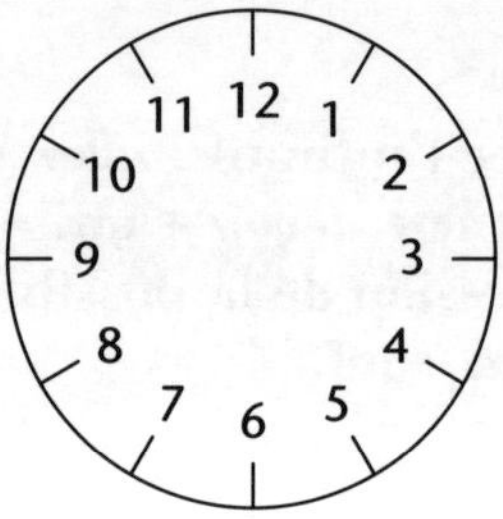

D. Écrivez en toutes lettres, comme dans la liste 1, les heures manquantes de la liste 2 :

1 h 15 = ...

1 h 30 = ...

1 h 45 = ...

l'heure officielle • l'heure parlée

7 Votre avion part à : **Donnez cette information oralement, puis par écrit.**

12 h 00 ➡ *Je pars à midi.*

15 h 30 ➡ ....

18 h 45 ➡ ....

10 h 15 ➡ ....

22 h 10 ➡ ....

0 h 40 ➡ ....

i Le trafic aérien en France

8 Vrai ou faux ? Cochez la réponse choisie.

	Vrai	Faux
1. La France reçoit environ 40 millions de touristes par an.	☐	☐
2. Les puces de Saint-Ouen sont aussi visitées que Notre-Dame de Paris.	☐	☐
3. Les Allemands voyagent plus que les Français sur les lignes aériennes intérieures.	☐	☐
4. Le château de Chenonceaux se trouve en Touraine.	☐	☐

5. La France compte 3 000 musées. ☐ ☐
6. Il y a deux aéroports internationaux dans la région parisienne. ☐ ☐
7. 2 500 000 personnes visitent chaque année le mont Saint-Michel. ☐ ☐
8. C'est dans le sud de la France qu'il y a le plus grand nombre d'aéroports. ☐ ☐
9. Les départements d'outre-mer ont des aéroports. ☐ ☐
10. La tour Eiffel est le monument français le plus visité. ☐ ☐

Testez-vous !

9 Comprendre un extrait du guide-loisirs de la SNCF.

37 destinations pour donner des idées à vos week-ends

Pour que vos week-ends ressemblent à des vacances, la SNCF Île-de-France a sélectionné pour vous 37 destinations loisirs facilement accessibles avec le train. Musées et belles pierres, découvertes insolites, bases de loisirs... Toutes les raisons sont bonnes pour préférer le train !

La SNCF Île-de-France propose **des forfaits loisirs très avantageux** : des billets combinés couvrant le trajet A/R et l'entrée sur le site, c'est infiniment plus pratique que l'achat séparé des différents billets. Ces forfaits sont vendus dans plus de 70 gares SNCF.

Plus rien ne vous retient.

À vous le train !

1. Le guide propose pour les week-ends 37 destinations :
   - ☐ a. dans toute la France.
   - ☐ b. dans la région parisienne.
   - ☐ c. dans les principales capitales européennes.
2. Les billets sont vendus :
   - ☐ a. dans 37 gares SNCF.
   - ☐ b. dans 70 gares SNCF.
   - ☐ c. dans toutes les gares SNCF.
3. Les forfaits comprennent :
   - ☐ a. un billet aller simple + l'entrée sur un site touristique.
   - ☐ b. un billet aller-retour + l'entrée sur un site touristique.
   - ☐ c. un billet aller-retour et une nuit d'hôtel près du site touristique.

pp. 82 à 89

Se loger

les superlatifs

Bon séjour !

1 Vous consultez une liste d'hôtels-châteaux en Normandie.

Château du Tilleul
fin XIXe siècle

En bord de mer, plage privée.

2 chambres et 1 suite : Décors chaleureux.

Chambre de 60 € à 80 € Suite : 110 €

Tél. : 02 30 20 37 00

Domaine de Ronfort

Construit au XVIIIe siècle, le Ronfort domine l'un des plus beaux villages normands.

Avec ses 15 chambres et 5 suites, sa salle de conférences, son vaste parc, il peut accueillir séminaires et conférences.

Chambres de 80 à 100 €
Suites à 160 €

Tél. : 02 60 85 85 90

Manoir du Coral

Construit en 1750, ce domaine se trouve dans un ravissant village situé à 3 km de la plage d'Omata.

3 chambres avec salle de bains Chambres de 150 à 160 €

Tél. : 02 40 20 60 70

Château de la Richardière

Édifié au début du XIVe siècle et restauré au XVIIe siècle.
Ce château offre calme et espace au cœur de la campagne normande.

3 chambres doubles avec salle de bains privée : 190 €– Une suite avec salle de bains privée et terrasse : 250 €

Tél. : 02 80 60 60 80

Sélectionnez le château :

1. le plus ancien : ....

2. le plus cher : ....

3. le plus grand : ....

4. le plus proche de la mer : ....

5. le moins ancien : ....

6. le moins cher : ....

7. le meilleur (selon vous) : ....

❷ Les chambres d'hôtes

En pleine campagne, des particuliers ont aménagé leur maison (ferme – mas – château) pour vous accueillir et vous faire découvrir leur région. Voici un extrait du *Guide national des Chambres et Tables d'hôtes*.

Digne-les-Bains□

Les Oliviers - Alt. 600 m□

Dans un environnement très vert, idéal pour la pratique du golf, maison indépendante à côté du logement des propriétaires, dans un corps de ferme, 4 chambres (2 personnes) : 2 au rez-de-chaussée et 2 à l'étage, salle de bains, WC dans chaque chambre. Ouvert toute l'année.□

Prix : 1 pers. 35 €– 2 pers. 38 €

Les Oliviers
Frison J.-P. Route des Forêts Gaubert
Les Oliviers 04000 Digne-les-Bains
Tél. : 04 92 61 05 69

0,8 km

10 km

15 km

1 km

0,2 km

20 km

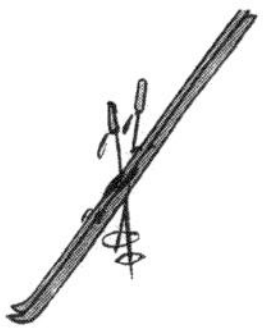

40 km

3 km

A. Vrai ou faux ? Cochez la réponse choisie.

	Vrai	Faux
1. La maison se trouve au bord de la mer.	☐	☐
2. C'est une ferme.	☐	☐
3. Elle peut accueillir 4 personnes.	☐	☐
4. Les propriétaires habitent à l'étage au-dessus.	☐	☐
5. Il y a un golf à proximité.	☐	☐
6. C'est ouvert onze mois sur douze.	☐	☐

B. Expliquez les activités et les commodités offertes, comme dans l'exemple.

Le tennis le plus proche se trouve à 800 m.

1. La piscine ....

2. Le centre équestre ....

3. Le restaurant ....

4. La station de ski ....

5. La gare ……………………………………………………

6. Les promenades ……………………………………………

7. Le plan d'eau ………………………………………………

8. Le golf ……………………………………………………

❸ **Définissez les noms suivants à l'aide de superlatifs.**

1. La Chine ……………………………………………………

2. L'Everest ……………………………………………………

3. L'Amazone …………………………………………………

4. La Sibérie ……………………………………………………

5. Les Pygmées ………………………………………………

6. Le dollar ……………………………………………………

7. Internet ……………………………………………………

8. Le *Concorde* ………………………………………………

le but ➟ *pour* + inf. • la cause ➟ *parce que*

Pourquoi ? Pour quoi faire ?

❹ **Complétez en précisant le but, puis la cause.**

Exemple : Je téléphone à l'agence immobilière ***pour louer*** *un appartement.*
parce que *je veux louer un appartement.*

1. Ils habitent en banlieue pour ……………………………
   parce qu' ……………………………………………………

2. Tu consultes les petites annonces pour ……………………
   parce que ……………………………………………………

3. Vous réservez une table au restaurant pour ………………
   parce que ……………………………………………………

4. Nous prenons une semaine de congé pour …………………
   parce que ……………………………………………………

5. Il choisit une chambre avec un grand lit pour ……………
   parce qu' ……………………………………………………

6. Vous appelez un garagiste pour ……………………………
   parce que ……………………………………………………

7. Je suis un cours de français des affaires pour ……………
   parce que ……………………………………………………

5 Voici la liste des principaux Salons qui ont lieu chaque année à Paris.

LES SALONS GRAND PUBLIC

• **Espace Champerret**	Place Porte de Champerret – Paris 17e	01 40 55 19 55
• **Espace Eiffel Branly**	29/55, quai Branly – Paris 7e	01 44 18 98 98
• **Carrousel du Louvre**	99, rue de Rivoli – Paris 1er	01 43 16 47 47
• **CNIT Paris La Défense**	2, place de La Défense – 92053 Paris La Défense	01 46 92 11 11
• **Parc des Expositions Le Bourget**	Aéroport du Bourget – 93350 Le Bourget	01 41 69 20 20
• **Parc des Expositions de Paris Nord-Villepinte**	BP 6004 – 95970 Roissy-Charles-de-Gaulle	01 48 63 30 30
• **Paris-Expo Porte de Versailles**	Porte de Versailles – Paris 15e	01 43 95 37 00
• **Palais des Congrès de Paris**	2, place de la Porte Maillot – Paris 17e	01 40 68 22 22

BRADERIE DE PARIS
Paris Porte de Versailles
→ décembre

CHEVAL, PONEY ET ÂNE
Paris Porte de Versailles
→ décembre

EXPOLANGUES
Grande Halle de la Villette
→ janvier

FIAC
Foire d'Art Contemporain
Paris Porte de Versailles
→ septembre

FOIRE DE PARIS
Paris Porte de Versailles
→ de fin avril à mi-mai

GLISS'EXPO
Disneyland Paris
→ janvier

MEUBLES ET DÉCORATION
Paris Porte de Versailles
→ octobre

MONDIAL DE L'AUTOMOBILE
Paris Porte de Versailles
→ octobre

MONDIAL DU TOURISME
Paris Porte de Versailles
→ mars

MONDIAL DU 2 ROUES
Paris Porte de Versailles
→ octobre

NAUTIQUE
Paris Porte de Versailles
→ décembre

SALON ANIMAL EXPO
Parc Floral de Paris
(Bois de Vincennes)
→ début octobre

SALON DE LA HIFI
ET DU HOME CINÉMA
Palais des Congrès de Paris
→ septembre

SALON DES CAVES
PARTICULIÈRES
Paris Porte de Versailles
→ décembre

SALON DU CHOCOLAT
Espace Eiffel Branly
→ octobre-novembre

SALON DE LA PISCINE
Paris Porte de Versailles
→ décembre

SALON DE L'AGRICULTURE
Paris Porte de Versailles
→ fin février-début mars

SALON DES PAPIERS
ANCIENS, DU LIVRE
ET DES COLLECTIONS
Paris Espace Champerret
→ de fin octobre à début novembre

SALON DES VÉHICULES
DE LOISIRS
Paris Le Bourget
→ de fin septembre à début octobre

SALON INTERNATIONAL
DU JOUET
Paris Nord-Villepinte
→ janvier

SALON DES GRANDS VINS
Espace Eiffel Branly
→ mars

SALON
DU LIVRE-MULTIMÉDIA
Paris Porte de Versailles
→ mars

SALON PARENTS,
PREMIERS PAS
Grande Halle de la Villette (19e)
→ mars

SALON DU LYCÉEN
Paris Porte de Versailles
→ mars

SALON DU SPORT
GRAND PUBLIC
Paris Porte de Versailles
→ juin

Dites oralement à quels Salons vous voulez aller, quand et pourquoi.

Exemple : En octobre, je vais aller au Salon du chocolat
- *parce que je travaille dans ce secteur.*
- *parce que j'aime le chocolat.*
- *pour déguster les dernières créations.*
- *pour manger du chocolat.*

exprimer son accord, s'opposer

6 Réagissez positivement ou négativement aux propos d'un ami.

Dire qu'on est d'accord :
- Oui, bien sûr.
- Oui, tout à fait.
- Oui, d'accord.

S'opposer :
- Mais non !
- Je ne suis pas d'accord !
- Au contraire…
- Pas forcément.

1. Il fait toujours beau dans cette région. ....

2. Je te laisse payer l'addition. ....

3. Le français est une langue difficile. ....

4. Je t'invite au restaurant ce soir. ....

5. Le prix des locations varie selon les saisons. ....

6. 1 F = 1 €, je crois. ....

7. Paris est la plus belle ville du monde. ....

8. Internet est un moyen de communication extraordinaire. ....

i Les hôtels en France

7 Vrai ou faux. Cochez la réponse choisie.

	Vrai	Faux
1. L'activité de l'hôtellerie de chaîne a beaucoup augmenté.	☐	☐
2. Les Français préfèrent les hôtels de charme.	☐	☐
3. Formule 1 est réputée pour ses grandes chambres à prix élevés.	☐	☐
4. Formule 1 offre un service gratuit de petits déjeuners.	☐	☐
5. Les hôtels Mercure font partie de la chaîne Formule 1.	☐	☐
6.  veut dire qu'on peut nager.	☐	☐
7.  veut dire que le restaurant est le meilleur.	☐	☐
8.  veut dire que l'on peut garer sa voiture.	☐	☐

Testez-vous !

8 Bien choisir son hôtel.

1. La publicité concerne les hôtels Mercure situés :
   - ☐ a. dans toute la France.
   - ☐ b. dans la région parisienne.
   - ☐ c. dans différentes régions d'Europe.

2. Tous les hôtels Mercure se trouvent :
   - ☐ a. à l'extérieur des villes.
   - ☐ b. dans des environnements variés.
   - ☐ c. uniquement dans les centres-villes.

3. Le groupe Mercure propose des hôtels :
   - ☐ a. de catégorie économique.
   - ☐ b. de toutes catégories.
   - ☐ c. de catégorie de luxe.

4. Les restaurants Mercure proposent :
   - ☐ a. une cuisine internationale.
   - ☐ b. des plats régionaux.
   - ☐ c. des menus végétariens.

5. Les « Échansons » qui travaillent dans les restaurants Mercure sont :
   - ☐ a. des cuisiniers.
   - ☐ b. des sommeliers.
   - ☐ c. des vendeurs de produits du terroir.

Mercure

400 étapes pour vous offrir la variété et « toutes les clés de nos villes ».

Nos hôtels, aménagés et décorés en harmonie avec leur environnement, valorisent les cultures locales et vous permettent de découvrir les racines régionales dans chaque pays. Ils sont adaptés à chacun de vos besoins au cœur des villes, des sites touristiques, à la mer, à la montagne, à la campagne, avec ou sans restaurant, avec ou sans piscine. Mercure, c'est aussi la variété de confort et de prix avec des repères : Relais, la simplicité ; Hôtel, un service attentif ; Grand Hôtel, le confort raffiné. Nos hôteliers ont la passion de vous faire découvrir leur ville et leur région qu'ils connaissent sous toutes leurs facettes. Au restaurant, nos chefs préparent des recettes régionales à partir des produits du terroir. Les « Échansons » vous conseillent sur les mariages subtils entre mets et vins. Cuisine légère ou cuisine gourmande, chez Mercure, vous avec le choix. Offrez-vous nos Grands Vins... à des prix d'exception, tradition hôtelière oblige ! Pour Mercure, le seul critère qualité, c'est votre satisfaction. Il est donc naturel que nous vous écoutions au travers d'enquêtes personnalisées.

unité 11

pp. 90 à 97

Les sorties

la formation du futur : verbes en *-er*, *-ir*, *-re/dre* ;
formes irrégulières : *être*, *aller*, *pouvoir*

❶ Ma future soirée

« Je n'oublierai jamais cette soirée ! »

C'est ce que vous **direz** après votre visite à

L'ÉLÉPHANT BLANC *Nouveau*

Le plus prestigieux cabaret parisien vous propose sa nouvelle formule « Dîner d'affaires ».

À l'entrée, de superbes hôtesses polyglottes vous **accompagneront** jusqu'à votre table où vous **prendrez** une coupe de champagne millésimé. Vous **apprécierez** ensuite le somptueux dîner aux chandelles qui vous **sera** servi. Vous **pourrez** choisir entre les plus grands vins. Et pendant le dîner, vous **découvrirez** le merveilleux spectacle qui vous **enchantera**. Vous **irez** de surprise en surprise : prestidigitateurs, pianistes, chanteurs...
Le spectacle s'**achèvera** sur une inoubliable revue de nu.

Pour plus de renseignements, veuillez nous contacter au : 01 40 60 60 10.

A. Pour informer sur son nouveau programme, le cabaret « L'éléphant blanc » a utilisé les verbes du tableau ci-dessous aux personnes indiquées.
Lisez le texte et complétez les verbes.

Les verbes au futur				
	verbes inf. *-er*	**verbes inf. *-ir***	**verbes inf. *-re/-dre***	**verbes irréguliers**
j'	oublier			
il	enchanter			ser ....
	s'achèver			
vous	apprécier	découvrir	dir	pourr ....
			prendr	ir ....
elles	accompagner			

B. Trouvez la règle de formation du futur.

- Pour tous les verbes, les **terminaisons** sont identiques aux terminaisons du verbe .... au présent.

- Le **radical** :

– des verbes en *-er* et de nombreux verbes en *-ir* : On prend l' .... du verbe ;

– des verbes en *-re/-dre* : On prend l' .... du verbe et on retire la dernière lettre, c'est-à-dire le .... ;

– des verbes irréguliers : verbe .... : radical ➞ *ser-*

verbe .... : radical ➞ *ir-*

verbe .... : radical ➞ *pourr-*

2 Identifiez d'autres verbes irréguliers au futur.

1. Nous aurons le temps de visiter la ville. *Verbe :* .... – **2.** Tu feras des courses pendant mon absence. *Verbe :* .... – **3.** Après un mois de cours, vous saurez parler français. *Verbe :* .... – **4.** Je verrai le directeur demain. *Verbe :* .... – **5.** Je vous enverrai un fax. *Verbe :* .... – **6.** Nous devrons attendre le train. *Verbe :* ....

promettre, donner des directives, rassurer, menacer, faire des prévisions, refuser énergiquement • différents usages du futur

3 A. Mettez les verbes entre parenthèses au futur.

1. L'année prochaine, le nombre de demandeurs d'emploi .... en nette diminution. *(être)* – **2.** Non, je ne .... pas cette facture ! *(payer)* – **3.** Nous .... quatre places pour la promenade de 18 heures en bateau-mouche avec dîner à bord, si possible. *(prendre)* – **4.** Vous .... chercher mon collègue à l'aéroport et vous l' .... à son hôtel. *(aller)/(accompagner)* – **5.** Ne vous inquiétez pas, tout .... bien ! J'ai les places pour le concert. *(aller)* – **6.** Pas de problème, monsieur le Directeur, je .... avec le contrat signé. *(revenir)* – **7.** Vous me .... une autre bouteille d'eau plate, s'il vous plaît. *(donner)* – **8.** Ça ne se .... pas comme ça ! Il doit nous régler aujourd'hui ! *(passer)* – **9.** Vous .... le chèque demain à 8 heures précises. *(avoir)*

B. Relisez les phrases. Pour chacune d'elles, dites oralement *qui parle* et *à qui*. Et notez *pour quoi faire* :

a. faire des promesses phrase ....

b. donner des directives phrase ....

c. faire des prévisions phrase ....

d. rassurer phrases ....

e. menacer phrase ....

f. demander quelque chose phrases ....

g. refuser catégoriquement. phrase ....

proposer, demander poliment • la formation du conditionnel : personnes *tu*, *il*, *vous*

4 **A. Lisez et classez les phrases (notez leurs numéros).**

1. Ça vous plairait, une soirée au Moulin-Rouge ? – **2.** Pourriez-vous m'indiquer la direction de l'aéroport ? – **3.** Tu serais d'accord pour une promenade en bateau-mouche ? – **4.** Auriez-vous le numéro de téléphone d'un radio-taxi ? – **5.** Vous aimeriez prendre un itinéraire touristique ? – **6.** Vous seriez gentille de me passer le service export. – **7.** Tu préférerais peut-être rentrer en taxi ? – **8.** Je voudrais l'addition. – **9.** Ça te dirait d'aller au cinéma ? – **10.** Tu pourrais me prendre le programme des sorties du comité d'entreprise ?

Proposer poliment	**Demander poliment**
....	....

B. Trouvez la règle de formation du conditionnel.

Pour tous les verbes :

- le **radical** est identique au radical du ....
- les **terminaisons** : je ➟ .... il (ça) ➟ ....

  tu ➟ .... vous ➟ ....

5 **Pour chaque situation, proposez différentes formules. Utilisez le conditionnel pour demander ou proposer poliment.**

1. Dans un taxi : vous demandez un itinéraire rapide.

....

....

....

2. Au restaurant : le serveur propose une tarte au citron en dessert.

....

....

....

3. Dans une agence de voyages : l'employé propose un circuit nocturne de Paris.

....

....

....

4. À la maison : vous proposez un week-end en Italie à votre femme/votre mari.

....

....

5. Dans une agence de location d'appartements : vous demandez un studio dans le centre-ville.

....

....

....

la négation de deux éléments : *ne* + verbe + *ni... ni*

6 Deux fois non !
Pour chaque situation, donnez des précisions avec deux éléments négatifs, comme dans l'exemple.
Vous ne connaissez pas les monuments parisiens. ➞ Je ne connais ni la tour Eiffel ni Notre-Dame.

1. Vous n'appréciez pas les peintres modernes.

....

2. Vous ne buvez pas d'alcool.

....

3. Vous ne prenez pas les transports urbains.

....

4. Vous n'aimez pas les sports d'équipe.

....

5. Vous ne sortez pas pendant le week-end.

....

6. Vous n'aimez pas les sorties culturelles.

....

exprimer une restriction • *ne* + verbe + *que*

7 Reformulez chaque situation. Exprimez une restriction, comme dans l'exemple.
Je suis très occupé(e) dans la semaine. ➞ Je n'ai qu'une soirée de libre.

1. Le montant de ma facture est très faible. ➞ .... 10 € à régler.
2. Mon appartement est très petit. ➞ .... une pièce.
3. La visite du musée est très courte. ➞ .... 20 minutes.
4. Cet espace est interdit aux fumeurs. ➞ .... des non-fumeurs.
5. Je n'ai ni chèques ni cartes de crédit. ➞ .... des espèces.
6. Le chauffeur de taxi n'est pas polyglotte. ➞ .... français.
7. Je ne connais pas les villes françaises à l'exception de Paris. ➞ .... Paris.

Les sorties

8 Vrai ou faux ? Cochez la réponse choisie.

	Vrai	Faux
1. Le célèbre Moulin-Rouge se trouve près de la tour Eiffel.	☐	☐
2. Les Français préfèrent le cinéma aux expositions.	☐	☐
3. On peut voir le Collège de France et la Sorbonne au Quartier latin qui est le quartier intellectuel de Paris.	☐	☐
4. Le Paris des affaires s'appelle le quartier de la Bourse.	☐	☐
5. On peut voir de nombreux peintres à Montmartre.	☐	☐
6. Beaucoup de grands couturiers ont une boutique dans le faubourg Saint-Honoré.	☐	☐

Testez-vous !

9 Comprendre un extrait de catalogue de loisirs.

1. Pour réserver, il faut :
   - ☐ a. téléphoner.
   - ☐ b. écrire.
   - ☐ c. se présenter sur le lieu du spectacle.
2. Si vous réservez 15 jours avant la date du spectacle, vous devez régler :
   - ☐ a. par chèque.
   - ☐ b. en liquide.
   - ☐ c. par carte bleue.
3. Trois ou quatre jours avant la date du spectacle :
   - ☐ a. APAS Loisirs envoie les billets au siège de votre entreprise.
   - ☐ b. vous devez retirer les billets à la boutique APAS Loisirs.
   - ☐ c. APAS Loisirs envoie les billets à votre adresse personnelle.
4. Si vous n'avez pas reçu les billets un jour avant le spectacle, il faut contacter APAS Loisirs :
   - ☐ a. par téléphone.
   - ☐ b. par fax.
   - ☐ c. par e-mail.

Catalogue
APAS LOISIRS
Comment réserver
Billetterie
Spectacles

Réservez par téléphone au : **01 44 23 78 78** du lundi au vendredi de 10 h à 12 h et de 13 h 30 à 17 h.

Toute réservation est définitive.

Réglez immédiatement en envoyant votre chèque, vos chèques vacances ou en nous communiquant votre numéro de carte bleue à la Boutique APAS, BP 407, 75626 Paris Cedex 13.

Pour toute réservation au plus tard 20 jours avant la date du spectacle, le règlement doit se faire uniquement par carte bleue.

Notez au dos du chèque le titre et la date du spectacle ainsi que le nom et le département du siège de votre entreprise.

Les billets sont envoyés gratuitement à votre domicile 3 à 4 jours avant la date du spectacle.

Si 24 heures avant le spectacle vous n'avez pas reçu les billets, contactez-nous au 01 44 23 78 78.

pp. 98 à 105

Qu'est-ce qu'il y a au courrier ?

donner un ordre ou inviter à faire quelque chose • l'impératif

1 Complétez. Utilisez l'impératif.

1. Le directeur à une secrétaire :

« S'il vous plaît, Mademoiselle, ... *(s'asseoir)* et .... *(noter)* ces indications :

.... *(prendre)* l'autoroute A5, ... *(suivre)* le panneau direction Cannes, ... *(continuer)* tout droit jusqu'au rond-point.

Voilà, c'est tout. .... *(mettre)* ces instructions dans les enveloppes avec les invitations. »

2. Un collègue à un autre collègue :

« .... *(penser)* à envoyer une carte de vœux à nos clients africains. Surtout, ... *(se dépêcher)*, la fin de l'année est proche ! »

3. Un employé à un client :

« Je suis désolé, Monsieur, mais nous n'avons pas reçu votre chèque. .... *(écrire)* au service des réclamations, ... *(expliquer)* votre problème et .... *(ne pas oublier)* de communiquer votre code client. »

2 Utilisez l'impératif.

1. Demandez à votre collaboratrice de :
   - se lever ....
   - apporter le dossier Martin ....
   - venir ici ....
2. Invitez un client à :
   - s'asseoir ....
   - attendre un instant ....
   - prendre un magazine pour patienter ....
3. Demandez à un collègue de :
   - traiter cette lettre d'urgence ....

– s'excuser de l'erreur ....

– préciser que la remise est de 10 % ....

4. Demandez à un stagiaire de :

– s'occuper des cartons d'invitation ....

– ajouter un itinéraire dans chaque enveloppe ....

– aller poster le courrier avant 18 heures ....

indiquer la fréquence régulière • *chaque* + expression temporelle

3 Les publications (journaux, magazines, rubriques spécialisées dans la presse, prospectus...) ont des rythmes de parution différents.

A. Précisez le rythme de parution des publications suivantes :
*Exemple : un quotidien paraît **chaque jour**.*

– une publication annuelle ....

– une publication saisonnière ....

– un mensuel ....

– un hebdomadaire ....

B. Voici une liste de différentes publications. Précisez leur rythme de parution.

Le catalogue de
La Redoute
Automne/hiver

LE FIGARO
le premier quotidien français

Le Bulletin météorologique
Demain, vendredi 13 octobre

Le Monde
samedi 14 octobre

Les Échos
Le quotidien des finances

Le calendrier 20....
j f m a m j j a s o n d

Paris-Match
L'hebdomadaire de l'actualité

Horoscope
Semaine du 4 au 10 novembre

Le catalogue de *La Redoute* paraît chaque ....

....

....

pronoms : *chacun/chacune*

4 À chacun son tour !
Faites correspondre.

1. Quand tous les invités seront là,
2. Vous collez les enveloppes et
3. Les réclamations sont rares, mais
4. Les vernissages ont toujours du succès, mais
5. Les commerciaux ont dîné ensemble, puis
6. Il y a beaucoup de formules de politesse, mais

a. chacun demande beaucoup de préparation.
b. chacun est rentré à l'hôtel.
c. vous apposez un tampon sur chacune.
d. chacune s'emploie dans une situation bien précise.
e. chacun se présentera.
f. chacune est traitée avec le plus grand sérieux.

le passé composé pour indiquer des actions réalisées dans le passé

Que s'est-il passé ?
5 Mettez ces actions dans l'ordre.

1. a. Vous avez envoyé les cartes de vœux.
   b. Vous avez écrit un mot sur chaque carte.
   c. Vous avez pris la liste des clients.
   d. Vous avez affranchi chaque enveloppe.
2. a. Le directeur a refusé.
   b. Il a démissionné.
   c. Il a voulu s'absenter deux jours sans motif.
3. a. Vous avez accordé une remise de 10 % à votre client.
   b. Vous avez présenté vos excuses.
   c. Vous avez oublié de faire la remise.
   d. Vous avez recontacté le client.
4. a. Ils ont pris un taxi pour se rendre Porte de Versailles.
   b. Ils ont pris le métro pour rentrer chez eux.
   c. Ils ont visité le Salon toute la matinée.
   d. Ils ont déjeuné sur place avec des collègues.

Ordre : ....

6 Dans ces situations, on explique le problème rencontré par les personnes.
Complétez les phrases. Mettez les verbes au passé composé.

1. Ils .... la facture. *(vérifier)*
   Ils .... le fournisseur. *(appeler)*
   Ils .... le numéro de téléphone. *(composer)*

Ils .... une remise de 5 %. *(réclamer)*

Ils .... une réduction de prix. *(obtenir)*

Mais ils choisiront un autre fournisseur.

2. Ils .... les « Taxis Mauves ». *(appeler)*

Ils .... le numéro prioritaire. *(composer)*

Ils .... leur numéro de code client. *(donner)*

Ils .... une réservation. *(faire)*

Mais à l'heure prévue, pas de taxi !

3. Tu .... par chèque. *(payer)*

Tu .... la somme en chiffres et en lettres. *(écrire)*

Tu .... le nom du bénéficiaire. *(préciser)*

Tu .... le lieu et la date. *(indiquer)*

Tu .... correctement. *(signer)*

Mais la banque .... le chèque ! *(refuser)*

4. J' .... photocopier un document. *(vouloir)*

J' .... l'original sur la plaque. *(placer)*

J' .... le nombre d'exemplaires désiré. *(choisir)*

J' .... sur le bouton « Marche ». *(appuyer)*

J' .... une minute. *(attendre)*

Résultat : pas de photocopies !

5. Vous .... un portable. *(choisir)*

Vous .... un abonnement. *(payer)*

Vous .... un numéro. *(composer)*

Vous .... un signal sonore. *(entendre)*

Mais impossible d'avoir votre correspondant !

i Les vacances des Français

7 Vrai ou faux ? Cochez la réponse choisie.

	Vrai	Faux
1. Le sport préféré des Français est la pétanque.	☐	☐
2. Les salariés français touchent une rémunération pendant leurs vacances.	☐	☐
3. Les 3/4 des Français partent en juillet ou en août.	☐	☐
4. Le lundi de Pâques est un jour ouvré.	☐	☐
5. Les Français partent de moins en moins en hiver.	☐	☐

6. Les hommes sont plus nombreux à pratiquer un sport que les femmes. ☐ ☐

7. Le golf fait partie des trois sports les plus pratiqués par les Français. ☐ ☐

8. Le 1er novembre est un jour férié : c'est le jour de la Toussaint. ☐ ☐

Testez-vous !

8 Comprendre une demande de réclamation.

Réussites
Relations Abonnés
9, rue des Vignes – 75002 Paris
Tél. : 01 43 16 58 00 – Fax : 01 40 36 00 42

Chère Madame, cher Monsieur,

Comme suite à l'accord téléphonique que vous avez donné à notre responsable commercial, nous avons enregistré votre réabonnement à *Réussites*.

Or, à ce jour, nous n'avons pas reçu votre règlement. Nos courriers se sont-ils croisés ou est-ce un oubli ?

Si tel est le cas, postez dès aujourd'hui votre chèque. Nous aurons alors juste le temps d'assurer sans interruption le service de votre abonnement.

Très sincèrement

Bernard LEGENDRE
Directeur des abonnements

PS : Ne tenez pas compte de ce courrier si vous nous avez déjà réglé votre abonnement.

1. Le directeur des abonnements du magazine *Réussites* écrit ce courrier pour :
   - ☐ a. proposer un abonnement.
   - ☐ b. réclamer le règlement d'un abonnement.
   - ☐ c. accorder une réduction pour un abonnement.

2. Le courrier traite :
   - ☐ a. d'un premier abonnement.
   - ☐ b. d'un deuxième abonnement.
   - ☐ c. d'un ancien abonnement.

3. Le client qui reçoit la lettre :
   - ☐ a. a déjà envoyé le règlement.
   - ☐ b. n'a pas encore envoyé le règlement.
   - ☐ c. a peut-être envoyé le règlement.

unité 13

pp. 106 à 113

Expériences professionnelles

le passé composé à la forme négative

1 Pourquoi donc ?

Utilisez le passé composé à la forme négative pour expliquer les situations.

*Exemple : J'ai faim (ne pas manger ce midi) ➞ J'ai faim : je **n'ai pas mangé** ce midi.*

1. Nous avons demandé une augmentation de salaire (*ne pas recevoir la réponse*) :

   nous ....

2. Ils viennent de passer un concours (*ne pas avoir le résultat*) :

   ils ....

3. Je ne parle pas chinois (*ne pas apprendre cette langue*) :

   je ....

4. Elle est toujours au chômage (*ne pas trouver de travail*) : elle ....
5. Il n'a pas son examen (*ne pas travailler*) : il ....
6. L'ordinateur est toujours en panne (*ne pas faire la réparation*) :

   l'ingénieur ....

7. Les touristes attendent (*ne pas commencer*) : la visite ....

les pronoms personnels COD *le*, *la*, *l'*, *les* : place et accord

2 Devinettes

A. Trouvez le mot mystérieux.

les produits pharmaceutiques – une machine – le raisin – un examen – une candidate à un emploi – un contrat de travail – les études – des cartes de vœux

1. Ils l'ont cueilli.
   Ils l'ont mis dans un pressoir.
   Ils l'ont transformé.
   Ils le mettent en bouteille.

   ....

2. Vous l'avez sélectionnée.
   Vous l'avez convoquée.
   Vous l'avez reçue.
   Vous l'avez embauchée.
   Vous la présentez au personnel.

   ....

3. On les a conditionnés.
   On les a emballés.
   On les a stockés.
   On les livrera aux clients.

   ....

4. Je les ai écrites.
   Je les ai signées.
   Je les ai mises dans des enveloppes.
   Je les envoie ce matin.

   ....

5. On l'a livrée sur le lieu de travail.
On l'a installée.
On l'a mise en marche.
On l'utilise tous les jours pour la fabrication de nos produits.

....

6. Tu l'as préparé.
Tu l'as passé.
Tu l'as réussi.
Tu l'inscris sur ton CV.

....

7. Je l'ai lu.
Je l'ai approuvé.
Je l'ai signé.
Je le garde avec moi.

....

8. Nous les avons choisies.
Nous les avons suivies.
Nous les avons perfectionnées par des stages.
Nous les mentionnons sur notre CV.

....

B. Relisez les devinettes 1, 2, 3 et 4. Classez les phrases, puis observez et complétez le tableau.

Objet	Verbes à un temps simple	Verbes au passé composé
masc. sing.	• Ils le mettent en bouteille.	• .... • .... • ....
fém. sing.	•	• Vous l'avez sélectionnée. • .... • .... • ....
masc. pl.	•	• .... • .... • ....
fém. pl.	•	• .... • .... • ....
	Le COD se place .... le verbe.	Le COD se place .... le verbe. Le participe passé s'accorde avec .... qui est placé avant le verbe.

avant + nom/*avant de* + infinitif

3 **Faites-le avant !**
Complétez les phrases avec *avant* ou *avant de* (*d'*).

1. Lisez bien l'annonce .... répondre.

2. Passez voir le chef du personnel .... partir.

3. Ce sont les derniers jours de congé .... la reprise du travail.

4. Le directeur des ressources humaines ne prendra pas de décisions .... l'entretien.

5. Les étudiants passent un concours .... entrer dans une grande école.

6. Discutons des candidats .... signer le contrat de travail.

7. On a goûté le champagne .... la fin de la visite.

8. On a fait un sondage .... la mise en place des horaires variables.

9. Vous devez beaucoup travailler .... votre examen.

avant, pendant/après + nom

4 **À quel moment exactement ?**
Complétez les phrases avec *avant, pendant* ou *après*, selon le sens.

1. Elle reçoit le candidat .... son embauche.

2. Ils emballent les bouteilles de champagne .... leur transport.

3. Ils n'oublient pas le guide .... la visite.

4. On verse le raisin dans le pressoir .... la récolte.

5. Restez calme .... l'entretien.

6. .... mon bac, j'ai obtenu un DEUG.

7. Étudiez sérieusement .... votre examen.

8. L'entreprise reste ouverte .... les vacances.

les articulateurs chronologiques : ***d'abord, ensuite, puis, enfin…***

5 La recette du Roquefort
Lisez ce document diffusé sur Internet par la société Roquefort.

Envoyer | Couper | Copier | Coller | Annuler | Vérifier | Orthographe | Joindre | Priorité

De : ROQUEFORT
À :
Cc :
Objet :

Roquefort

Le village se situe au pied de la falaise du plateau du Combalou. Le fromage de roquefort profite pour son affinage* des fleurines, caves formées lors de l'effondrement de la falaise Nord-Est du plateau. Dans ces fleurines, il règne une température et une humidité constantes indispensables à l'affinage du fromage. La température des caves est de 8° à 11° et l'humidité est de 95 %. Le fromage est fait à partir du lait de brebis.

La fabrication se fait selon ces différentes étapes :

1. Le champignon indispensable à la fabrication du roquefort (le pénicillium roqueforti) est cultivé dans de la pâte à pain ;
2. Le pénicillium est ajouté au lait de brebis ;
3. Le roquefort est moulé et mis en affinage dans les caves ;
4. Une fois l'affinage terminé, les fromages sont emballés dans des feuilles d'étain pour freiner la prolifération des champignons.

Pour profiter de l'appellation Roquefort, le fromage doit respecter plusieurs points : il doit être fait à base de lait de brebis, avoir été affiné dans les caves de Roquefort, et enfin, il doit contenir le champignon propre au roquefort.

*affinage : étape pendant laquelle le fromage achève sa maturation.

A. Vrai ou faux ? Cochez la réponse choisie.	**Vrai**	**Faux**
1. Le fromage, appelé roquefort, porte le nom du village où il est fabriqué.	☐	☐
2. On utilise du lait de vache pour fabriquer le roquefort.	☐	☐
3. Le fromage est affiné dans des caves artificielles.	☐	☐
4. Il fait en permanence 10° environ dans les caves.	☐	☐
5. Le roquefort contient un champignon qu'on mélange au lait.	☐	☐

B. Sélectionnez la partie du texte qui explique les différentes étapes de la fabrication du roquefort. Réécrivez le texte : utilisez des mots tels que *puis, ensuite, d'abord, enfin* pour présenter la succession de ces étapes.

....

....

....

....

....

Le système éducatif français

6 Vrai ou faux ? Cochez la réponse choisie.

	Vrai	Faux
1. CDI est le nom d'un diplôme.	☐	☐
2. Les études de médecine durent sept ans au minimum.	☐	☐
3. Le baccalauréat sanctionne les études secondaires et permet l'accès à l'enseignement supérieur.	☐	☐
4. Le cours préparatoire (CP) est la première classe de l'école élémentaire (ou primaire).	☐	☐
5. L'enseignement au lycée comporte trois classes : la 2e, la 1re et la Terminale.	☐	☐
6. Le BTS est un bac + 2 ans d'études.	☐	☐
7. La moitié des jeunes Français ont le bac.	☐	☐
8. Sur 37 millions de Français de plus de 18 ans, 10 % sont illettrés.	☐	☐

Testez-vous !

7 Reconversion.

Ma vie après Bill Gates

Dominique Magne, 35 ans, secrétaire trilingue, a commencé comme intérimaire au siège de Microsoft France en 1989. Après divers postes d'assistante, elle devient ingénieur commercial, mais en 1996, elle en a assez et quitte la banlieue parisienne pour le sud de la France. Son mari, informaticien, la suit dans l'aventure. Grâce aux stock-options Microsoft de Dominique, le couple se fait construire une maison et c'est grâce à ces mêmes stock-options que Dominique a définitivement changé de vie en s'achetant une boutique de chocolats. La jeune femme parle « d'une chance inouïe » même si tout n'est pas parfait dans son centre commercial de Nice...

D'après le magazine *Challenges*.

1. Quel était le premier emploi de Dominique Magne ?

☐ a. informaticienne.
☐ b. ingénieur commercial.
☐ c. secrétaire.

2. Où travaille Dominique Magne aujourd'hui ?

☐ a. chez elle.
☐ b. dans un centre commercial.
☐ c. chez Microsoft.

3. Aujourd'hui, Dominique Magne travaille :

☐ a. à son compte car elle est son propre patron.
☐ b. pour une banque d'affaires dont elle est salariée.
☐ c. comme vendeuse chez un fabricant de chocolat.

pp. 114 à 121

À la banque

les pronoms personnels directs et indirects *le*, *la*, *l'*, *les*, *lui*, *leur*

Tests psychologiques

1 Quel concessionnaire automobile êtes-vous ?
Lisez le questionnaire et complétez le tableau.

1. Votre meilleur(e) vendeur/vendeuse automobile vous demande une augmentation.
- ☐ a. Vous **lui** refusez cette augmentation.
- ☐ b. Vous **le/la** félicitez pour cette initiative et vous **lui** accordez cette augmentation.
- ☐ c. Vous l'écoutez et vous **lui** dites : « On verra dans six mois. »

2. Tous vos employés sont mécontents parce qu'ils ne peuvent pas s'occuper de tous les acheteurs.
- ☐ a. Vous **les** recevez, vous **les** écoutez, mais vous ne changez rien.
- ☐ b. Vous **leur** accordez une prime.
- ☐ c. Vous **leur** dites qu'ils devraient être heureux de ne pas être au chômage.

Pers. représentées par un pronom	Verbes à construction directe (qui ?) : *féliciter/écouter quelqu'un*	Verbes à construction indirecte (à qui ?) : *refuser/accorder <u>à</u> quelqu'un*
masculin singulier	Vous .... félicitez. Vous .... écoutez.	Vous .... refusez cette augmentation.
féminin singulier	Vous .... félicitez. Vous .... écoutez.	Vous .... refusez cette augmentation.
pluriel	Vous .... recevez	Vous .... accordez une prime.

2 Quel banquier êtes-vous ?
Complétez le questionnaire avec les pronoms qui conviennent.

1. Un/une client/e vous demande une autorisation de découvert.

a. Vous .... donnez cette autorisation parce que vous .... connaissez bien.

b. Vous .... demandez des garanties parce que vous ne .... faites pas confiance.

c. Vous .... expliquez que c'est impossible.

d. Vous .... interrogez longuement avant de vous décider.

2. De gros clients vous demandent un prêt important.

a. Vous .... dites oui tout de suite.

b. Vous .... invitez au restaurant avant de .... accorder ce prêt.

c. Vous .... conseillez de s'adresser à une autre banque.

la forme passive pour mettre l'accent sur le résultat d'une action

3 **A. Identifiez le temps utilisé pour donner ces trois informations.**

a. La société ***verse*** *une somme de 10 000 euros.*
résultat ➞ *Une somme de 10 000 euros* ***est versée*** *par la société.*

b. La société ***versera*** *une somme de 10 000 euros.*
résultat ➞ *Une somme de 10 000 euros* ***sera versée*** *par la société.*

c. La société ***a versé*** *une somme de 10 000 euros.*
résultat ➞ *Une somme de 10 000 euros* ***a été versée*** *par la société.*

B. Retrouvez les informations. Faites correspondre.

1. Des crédits à des taux avantageux
2. Toutes nos agences de la banlieue parisienne
3. Les banques
4. La monnaie européenne (les billets et les pièces en euros)
5. Un apport initial de 10 %

a. est demandé pour l'achat à crédit d'une voiture.
b. a été fabriquée dans une usine du sud-ouest de la France.
c. sont proposés par les banques aux particuliers.
d. sont ouvertes le samedi jusqu'à 16 heures.
e. accordent des crédits très intéressants.

Une même information a été communiquée deux fois :

– une fois à la forme active : phrase n° ....

– une fois à la forme passive : phrase n° ....

Ces deux phrases ont-elles exactement le même sens ? Quel est l'effet de sens produit par chacune d'elles ? ....

....

4 **Développez ces informations, comme dans l'exemple.**

Ouverture, aujourd'hui, d'une nouvelle succursale de la Banque PIB.
➞ *Une nouvelle succursale de la Banque PIB est ouverte aujourd'hui.*

1. Arrestation, hier, des trois auteurs du hold-up de la Banque BP.

Les trois auteurs ....

2. Approvisionnement des distributeurs automatiques en euros dès janvier 2002.

Les distributeurs automatiques ....

3. Fermeture des guichets n°s 1 et 2 pendant toute la durée des travaux.

Les guichets n°s 1 et 2 ....

4. Restructuration de la Banque SOCI en décembre prochain.

La Banque SOCI ....

5. Blocage de tous les salaires à partir de mai.

Tous les salaires ....

6. Rachat imminent de la Banque Euvrar par le Crédit de France.

La Banque Euvrar ....

les valeurs de l'imparfait et du passé composé

Événements et situations passés

5 Des employés de banque s'expriment.

1. Quand je m'occupais des dossiers de crédit, c'était beaucoup plus intéressant.
2. Avant, tu finissais toujours à la même heure.
3. Avec l'ancien directeur de l'agence, l'ambiance était plus sympathique !
4. Nous étions jeunes à l'époque et très peu formés.
5. Quand les employés travaillaient 40 heures par semaine, ils étaient beaucoup moins performants.
6. Vous travailliez au siège de la BN quand vous étiez à Paris.

A. Répondez en cochant la bonne case.

Ces phrases évoquent toutes :

☐ une situation actuelle ☐ un événement passé ☐ une situation passée

B. Trouvez la suite logique des phrases précédentes.

Mais…

a. la loi des 35 heures a été votée. (*phrase* ....)

b. vous avez changé de ville. (*phrase* ....)

c. j'ai changé de service. (*phrase* ....)

d. on a engagé un nouveau directeur. (*phrase* ....)

e. on t'a nommé chef de service et tu es moins libre de ton temps. (*phrase* ....)

f. nous avons suivi des formations internes. (*phrase* ....)

C. Quel temps utilise-t-on pour évoquer :

– des situations passées : ....

– des événements passés : ....

6 Transformez ces phrases, comme dans l'exemple. Utilisez l'imparfait ou le passé composé, selon le sens.

(On) acheter au comptant./(Les taux de crédit) beaucoup baisser.

➟ *On achetait au comptant, mais les taux de crédit ont beaucoup baissé.*

1. *(Elle)* travailler au siège./*(Elle)* être mutée dans une petite agence.

....

2. *(Ils)* être au chômage./*(Ils)* retrouver du travail.

....

3. *(Mon solde)* être débiteur./*(Mon salaire)* être versé.

....

4. *(Le distributeur)* ne pas fonctionner./*(La panne)* être réparée.

....

5. *(Vous)* être à découvert./*(Vous)* verser 458 euros sur votre compte.

....

6. *(Je)* prendre le métro./*(Je)* acheter une voiture à crédit.

....

l'interrogation indirecte

Qu'est-ce qu'il demande ?

7 Ce questionnaire est une enquête auprès de la clientèle de la banque.

1. Combien de comptes avez-vous ? ☐ un seul ☐ plusieurs
2. Avez-vous une carte bleue ? ☐ oui ☐ non
3. Où retirez-vous vos billets ? ☐ au guichet ☐ au distributeur ☐ autre
4. Qu'est-ce que vous faites quand votre compte est à découvert ?
   ☐ J'attends le virement de mon salaire. ☐ J'emprunte de l'argent. ☐ rien ☐ autre
5. Êtes-vous client de notre banque depuis plus d'un an ? ☐ oui ☐ non

Un/e client/e rapporte à un ami les questions que l'enquêteur a posées (colonne 2). Inscrivez dans la colonne 1 les questions directes qui correspondent et observez le tableau.

	1. Questions directes	2. Questions rapportées
Questions fermées	**a.**	**a.** Il m'a demandé *si* j'avais une carte bleue.
	b.	**b.** Il m'a demandé *si* j'étais client depuis plus d'un an.

	1. Questions directes	**2. Questions rapportées**
Questions ouvertes	**c.**	**c.** Il m'a demandé ***ce que*** je faisais quand j'étais à découvert.
	d.	**d.** Il m'a demandé ***où*** je retirais mes billets.
	e.	**e.** Il m'a demandé ***combien*** de comptes j'avais.

8 Rapportez les questions, comme dans l'exemple.

« Vous connaissez le montant de votre solde actuel ? »

➟ Il m'a demandé si je connaissais le montant de mon solde actuel.

1. « Quand votre salaire est-il crédité ? » ....

2. « Qu'est-ce que vous voulez acheter à crédit ? » ....

3. « Votre compte est-il régulièrement approvisionné ? »

....

4. « Combien d'actions possédez-vous ? » ....

5. « Êtes-vous titulaire d'un compte épargne ? » ....

6. « Êtes-vous satisfait de la gestion de votre compte ? »

....

Testez-vous !

9 Que faire des espèces en francs ?

1. À partir de mars 2002 :

- ☐ a. vous ne pourrez plus échanger vos francs mais vous pourrez continuer à les utiliser pour vos achats pendant un an.
- ☐ b. vous pourrez échanger vos francs mais vous ne pourrez plus les utiliser pour vos achats.
- ☐ c. vous pourrez échanger vos francs et vous pourrez continuer à les utiliser pour vos achats pendant un an.

En janvier et février 2002, vous pourrez échanger vos francs à la banque ou continuer à les utiliser pour régler vos achats. Puis, à partir de mars 2002, vous ne pourrez plus les utiliser comme moyen de paiement, mais il vous sera encore possible de les échanger auprès de la Banque de France durant 1 an pour les pièces et 10 ans pour les billets.

Extrait du journal *EURO* publié par la Caisse d'Épargne.

2. La Banque de France pourra échanger les pièces :

- ☐ a. pendant 2 mois.
- ☐ b. pendant un an.
- ☐ c. pendant 10 ans.

3. La Banque de France pourra échanger les billets :

- ☐ a. pendant 2 mois.
- ☐ b. pendant un an.
- ☐ c. pendant 10 ans.

pp. 122 à 129

À la poste

le passé composé avec *avoir* et *être* (verbes pronominaux)

Ils ont eu un problème

1 A. Faites correspondre.

1. Elles *se sont dépêchées*,
2. Ils *se sont inscrits* au concours,
3. Il lui *a écrit*,
4. Elle *a cherché* la poste,

mais

a. il *s'est trompé* d'adresse.
b. elle *s'est perdue* en chemin.
c. elles *ont raté* la levée de la boîte aux lettres.
d. ils n'*ont* pas encore *reçu* leur convocation.

B. Classez les groupes verbaux dans le tableau.

	Passé composé formé avec l'auxiliaire *avoir*	Passé composé formé avec l'auxiliaire *être*
sujets masculins	il lui a écrit	il ....
	ils	ils ....
sujets féminins	elle	elle ....
	elles	elles ....

C. Trouvez la règle.

1. Au passé composé, les participes passés des verbes
- construits avec *avoir* ☐ **a.** s'accordent avec le sujet. ☐ **b.** ne s'accordent pas avec le sujet.
- construits avec *être* ☐ **a.** s'accordent avec le sujet. ☐ **b.** ne s'accordent pas avec le sujet.

2. Les verbes pronominaux forment leur passé composé : ☐ **a.** avec *avoir*. ☐ **b.** avec *être*.

2 Mettez les verbes entre parenthèses au passé composé.

1. Le responsable de l'agence *(recevoir)* .... les clients, mais il *(ne pas se montrer)* .... patient.
2. Elle *(s'occuper)* .... du courrier, puis elle *(se rendre)* .... à la poste, mais elle *(oublier)* .... de poster les lettres.
3. Ils *(refuser)* .... de signer le contrat car ils *(se méfier)* .... des propositions.

4. L'employé de la poste *(s'asseoir)* .... derrière le guichet mais la chaise *(se casser)* .... en deux !

5. Elles *(se servir)* .... en billets au distributeur, mais elles *(ne prendre que)* .... 100 euros.

6. Une nouvelle agence France Telecom *(s'installer)* .... près de la poste, mais elle *(ne pas ouvrir)* .... ses portes.

7. Ils *(payer)* .... très cher un envoi par Chronopost, mais ils *(écrire)* .... une adresse incorrecte.

8. Je *(s'arrêter)* .... de fumer, mais je *(ne pas retrouver encore)* .... la santé.

l'expression du moment et de la durée : *déjà, encore, toujours, ne ... pas, ne ... plus, ne ... jamais*

Enquête sur vos habitudes

3 Un journaliste vient de faire une enquête sur la consommation de tabac en France.
A. Lisez quelques-unes des réponses entendues.

1. Je n'ai pas encore fumé depuis ce matin. – **2.** Moi, je fume toujours un paquet par jour et j'aime ça ! – **3.** Moi, je ne fume jamais. – **4.** Je ne fume plus depuis deux mois. – **5.** Je ne fume jamais le matin. – **6.** Je n'ai jamais fumé de ma vie. – **7.** J'ai déjà fumé une ou deux fois, mais c'était juste pour essayer. – **8.** Je fume encore, mais j'ai envie de m'arrêter.

B. Classez les réponses dans le tableau.

Fumeur	Ex-fumeur	Non-fumeur
Réponse n° 1	....	....
....	....	....
....	....	....

Quel fumeur n'a pas l'intention de s'arrêter ? Réponse n° ....

Quel mot vous permet de comprendre cela ? ....

Quel fumeur a l'intention de s'arrêter ? Réponse n° ....

Quel mot vous permet de comprendre cela ? ....

4 Ce même journaliste fait une enquête sur l'utilisation du portable.
Imaginez plusieurs réponses :

a. d'un utilisateur de portable : ....

....

b. d'un ex-utilisateur de portable : ....

....

c. d'une personne qui n'a pas de portable : ....

....

5 **Complétez les répliques. Utilisez les expressions temporelles suivantes :** *déjà, ne … pas encore, encore, ne … plus, toujours, ne … jamais.*

1. Votre agence est ouverte depuis douze mois : Elle .... un an !

2. Vous êtes fidèle en affaires : J' .... les mêmes partenaires !

3. Vous manquez d'organisation : Je .... en retard !

4. Quelqu'un vous interrompt pendant votre travail : Attendez ! Je .... fini !

5. La batterie de votre téléphone portable est déchargée : Vous ....

6. Vous ne connaissez pas ce nouveau responsable commercial : Ils ....

les articulateurs chronologiques

Les uns après les autres

6 **A. Complétez les discours avec les expressions proposées.**

Situation 1. Un directeur soutient la candidature d'une personne pour un poste.

« Il ne faut pas oublier que, ..., il a déjà travaillé dans une de nos filiales et que, ..., il a une maîtrise parfaite de l'anglais. ...., de tous les candidats que nous avons reçus, c'est, à mon avis, celui qui a la meilleure expérience. »

en conclusion – d'une part – par ailleurs

Situation 2. Un passant indique un itinéraire à un touriste.

« Pour aller à la poste ? Écoutez, voilà : ...., vous suivez cette rue jusqu'à la place Saint-Jean, ... vous traversez la place et vous allez tout droit ; ...., vous prenez la première rue à gauche et là, vous apercevrez .... la poste qui se trouve tout au bout de la rue. »

d'abord – puis – enfin – ensuite

Situation 3. Un responsable de service parle d'un de ses ex-employés au service courrier.

« ...., il ne connaissait rien à ce métier, mais, ..., il a su rapidement gérer la mise sous pli. Très vite, il a su également utiliser la machine à affranchir le courrier, mais .... il a démissionné. .... il n'aimait pas ce qu'il faisait. »

peu après – au début – en fin de compte – un peu plus tard

B. Quels articulateurs choisir ?

Pour structurer :

a. une argumentation, on utilise → *d'une part, d'autre part/par ailleurs, en conclusion*

Ex. : situation n° ....

b. un récit (= une histoire), on utilise → *au début, peu après, un peu plus tard, en fin de compte*

Ex. : situation n° ....

c. une explication, on utilise → *d'abord, puis, ensuite, enfin*

Ex. : situation n° ....

7 **Lisez ces trois textes.**
– Identifiez le type de message : argumentation (A), explication (E) ou récit (R).
– Mettez les phrases dans le bon ordre.
– Reliez ces phrases avec les articulateurs qui conviennent.

1. L'utilisation d'un portable
- Vous faites le code.
- Vous l'allumez.
- Vous attendez la connexion.
- Vous composez le numéro de votre correspondant.

....

....

....

2. Historique de la société
- Elle comptait déjà plus de 100 employés.
- Notre société a été créée en 1985 avec un effectif réduit (30 employés).
- Depuis six mois, nous avons surmonté nos difficultés.
- Avec la crise, nous avons dû licencier du personnel.

....

....

....

....

3. Tabac = Danger !
- Il est urgent de vous arrêter de fumer.
- Le tabac est mauvais pour la santé.
- Il est très cher.

....

....

....

....

La Poste et France Telecom

8 Vrai ou faux ? Cochez la réponse choisie. **Vrai** **Faux**

	Vrai	Faux
1. La lettre recommandée permet la livraison rapide d'un paquet urgent.	☐	☐
2. La Poste permet d'effectuer des paiements par différents moyens.	☐	☐
3. Il est possible de consulter en permanence l'état de ses comptes.	☐	☐
4. Il est autorisé d'avoir un compte débiteur de 305 euros.	☐	☐
5. La Poste propose une assurance contre le vol ou la perte de papiers.	☐	☐
6. C'est en France qu'on fabrique le plus de cartes de téléphone au monde.	☐	☐
7. Le secteur des téléphones mobiles représente la moitié du chiffre d'affaires de France Telecom.	☐	☐
8. L'accès à Internet et la télédiffusion par câble et satellite rapportent autant d'argent l'un que l'autre à France Telecom.	☐	☐

Testez-vous !

9 Comprendre une publicité pour une assurance.

La Poste

vous accompagne à tous les moments de votre vie !

Tout prévoir pour préserver le niveau de vie des vôtres.

La Poste, présente à chaque instant dans votre vie quotidienne, vous propose un éventail complet de garanties pour vous protéger des aléas de la vie.
Votre Conseiller Financier vous apporte, aujourd'hui, les solutions adaptées à votre situation personnelle.

PRÉMUNYS Accidents

« Mettre vos proches à l'abri de tout souci financier, en cas d'accident »

Avec ***PRÉMUNYS*** **Accidents,** en cas de décès accidentel, votre famille perçoit un **capital immédiat**, jusqu'à 15 000 euros et **un revenu mensuel** de 1 500 euros pendant 12, 24 ou 36 mois.

Une adhésion sans examen médical ni déclaration de santé.

Le nouveau siècle s'annonce serein.

1. L'assurance Prémunys fonctionne en cas de disparition :
   - ☐ a. du conjoint.
   - ☐ b. de vous-même.
   - ☐ c. d'un de vos enfants.
2. En cas de disparition, l'assurance Prémunys verse :
   - ☐ a. une somme annuelle de 15 000 euros.
   - ☐ b. une somme maximum de 1 500 euros chaque année.
   - ☐ c. une somme de 1 500 euros chaque mois pendant un, deux ou trois ans.
3. Pour bénéficier de l'assurance Prémunys :
   - ☐ a. il est nécessaire de passer un examen médical.
   - ☐ b. il faut faire une déclaration de santé.
   - ☐ c. aucune formalité d'ordre médical n'est exigée.

pp. 130 à137

Le client est roi

le passé composé avec *être* ou *avoir*

1 Elle est née sous une mauvaise étoile !
Une cliente raconte sa mésaventure.
A. Reconstituez son récit. Mettez les énoncés dans l'ordre.

a. Mais en route, je suis restée bloquée plus d'une heure dans les embouteillages.

b. et c'est là que je suis tombée !

c. Pour finir, je suis allée à l'hôpital.

d. Je suis arrivée très énervée,

e. et je suis descendue de ma voiture en vitesse.

f. et je suis partie, direction le supermarché.

g. Tout d'abord, je suis montée dans ma voiture,

h. J'ai pris un caddie,

i. et, avec deux ou trois personnes, nous sommes passées par la porte tournante du supermarché,

j. Une fois de plus, je n'ai pas eu le temps de faire mes courses !

g., ...

B. Pour raconter son histoire, cette cliente a utilisé le <u>passé composé</u>.
– Identifiez les verbes utilisés.
– Inscrivez leur infinitif dans le tableau suivant :

***être* + participe passé (le participe passé s'accorde avec le sujet)**

• Verbes dits de déplacement

....	≠	venir
naître	≠	mourir
entrer	≠	....
....	≠	....
arriver	≠	....

passer

....

....

• Verbes pronominaux

Exemple : se lever

***avoir* + participe passé (le participe passé ne s'accorde pas avec le sujet)**

• Autres verbes

Exemple : ....

❷ Chassez l'intrus. Parmi ces verbes lequel ne se conjugue pas au passé composé avec *être* ? *venir – mourir – entrer – décider – arriver – passer – se lever*

Pourquoi ? ....

❸ Complétez les phrases. Mettez les verbes entre parenthèses au passé composé.

1. Un client sur le Web : « Moi, je .... *(se connecter)* sur Internet et j' .... *(enregistrer)* ma première commande. »
2. Un conseiller en électroménager : « Je .... *(rester)* sur le stand, j' .... *(conseiller)* tous les clients et j' .... *(vendre)* beaucoup d'appareils. »
3. Une femme active : « Moi, hier matin, je .... *(faire)* mes courses sur le Net : j' .... *(passer commande)* de tous les produits en 4 clics. »
4. Une attachée de presse : « Hier soir, mon équipe et moi, nous .... *(se préparer)* pour la conférence de presse. Très vite, je .... *(s'opposer)* aux remarques des distributeurs et je .... *(se méfier)* des décisions prises. »

les pronoms relatifs *qui* et *que*

❹ L'embarras du choix
Extrait d'un catalogue de vente de produits surgelés.

Les plats cuisinés

22 57 5 – Poisson sauce niçoise (2 parts) le kg 7,85 €, la boîte de 450 g **3,53**

29 96 6 – Poisson à la bordelaise (2 parts) le kg 8,83 €, la boîte de 400 g **3,53**

22 51 7 – Canard à l'orange avec riz blanc et riz sauvage, le kg 13,12 €, la boîte de 330 g **4,33**

29 34 6 – Coq au vin de Bourgogne tagliatelles, le kg 8,79 €, la boîte de 460 g **4,04**

29 05 7 – Osso-buco, tagliatelles PROMO le kg ~~12,70~~ €, la boîte de 400 g ~~5,08~~ **4,42**

29 37 0 – Blanquette de veau et riz blanc le kg 11,88 €, la boîte de 400 g **4,75**

29 70 0 – Petit salé aux lentilles le kg 9,45 €, la boîte de 350 g **3,30**

38 03 0 – Choucroute garnie le kg 9,59 €, la boîte de 400 g **3,84**

29 24 7 – Cabillaud sauce beurre citron (2 parts) le kg 9,86 €, la boîte de 450 g **4,44**

05 94 0 – Cabillaud sauce oseille (2 parts) le kg 9,86 €, la boîte de 450 g **4,44**

26 66 9 – Moules marinières PROMO (1 part) le kg ~~7,65~~ €, la boîte de 450 g ~~3,41~~ **2,96**

29 61 9 – Calmars à l'armoricaine (1 part) le kg 9,63 €, la boîte de 320 g **3,08**

38 56 9 – Lasagnes poulet, aubergines, poivrons rouges le kg 8,27 €, la boîte de 400 g **3,31**

38 54 3 – Lasagnes à la bolognaise le kg 6,70 €, la boîte de 400 g **2,68**

Formule express, 1 part

6 minutes au micro-ondes

38 83 2 – Moussaka le kg 5,92 €, la barquette de 325 g **1,92**

38 59 3 – Lasagnettes au saumon le kg 6,42 €, la barquette de 325 g **2,08**

29 71 8 – Rigatoni au jambon PROMO le kg ~~5,92~~ €, la barquette de 325 g ~~1,92~~ **1,48**

29 74 2 – Poulet basquaise et riz le kg 5,92 €, la barquette de 325 g **1,92**

29 67 7 – Paella le kg 6,42 €, la barquette de 300 g **1,92**

38 16 3 – Couscous le kg 6,42 €, la barquette de 300 g **1,92**

Nouveautés de saison : *plats végétariens complets*

38 50 1 – Lasagnes chèvre, épinard le kg 8,65 €, la boîte de 400 g **3,46**

49 12 8 – Spaghetti all'ortolana et parmesan le kg 11,75 €, la barquette de 320 g **3,76**

38 74 1 – Boulghour de blé aux légumes le kg 5,92 €, la barquette de 325 g **1,92**

A. Faites les sélections et répondez aux questions.

1. Citez un plat <u>qui</u> est en promotion. ➟ <u>Le plat</u> n° .... est en promotion.

2. Citez un plat <u>que</u> vous pouvez servir à un végétarien. ➟ Je peux servir <u>le plat</u> n° .... à un végétarien.

3. Citez un plat <u>qui</u> est à base de pâtes. ➟ <u>Le plat</u> n° .... est à base de pâtes.

4. Citez le plat <u>que</u> vous préférez. ➟ Je préfère <u>le plat</u> n° ....

a. Dans les questions 1 à 4, quel mot remplace *qui* et *que* ? ....

b. Dans les réponses 1 et 3 *plat* est : ☐ sujet ☐ complément

c. Dans les réponses 2 et 4 *plat* est : ☐ sujet ☐ complément

B. Complétez la suite du questionnaire. Utilisez *qui* ou *que (qu')*.

1. Citez un plat .... est une spécialité française. – **2.** Citez un plat .... vous avez l'habitude de cuisiner vous-même. – **3.** Citez un plat .... les Italiens consomment beaucoup. – **4.** Citez un plat .... on fait avec du riz. – **5.** Citez le plat .... est le plus cher. – **6.** Citez le plat .... est le moins cher. – **7.** Citez le plat .... vous mangez le plus souvent.

***si* + présent ➟ présent/futur/impératif • *si* + imparfait ➟ conditionnel présent**

5 Discussion autour d'un congélateur

1. Si mon congélateur **tombe** en panne, **j'appellerai** d'urgence le service après-vente.
2. Si on **avait** plus de place, on **pourrait** mettre un congélateur dans la cuisine.
3. Si vous **désirez** stocker vos aliments pendant plusieurs mois, **prenez** plutôt un congélateur.
4. Si je m'**absente** plusieurs mois de la maison, avant de partir, je **vide** mon congélateur et je **coupe** l'électricité.

A. Qui parle dans les phrases précédentes ?

- Une personne qui possède un congélateur : phrases ....
- Une personne qui ne possède pas de congélateur : phrase ....
- Un vendeur : phrase ....

B. Répondez et complétez.

Quelles phrases sont utilisées pour :

a. exprimer une condition/une éventualité et sa réalisation probable/possible ?

Phrases : ....

si + ... ➟ présent ou .... ou ....

b. développer un scénario fictif (= différent de la réalité du moment) ?

Phrase : ....

si + ... ➟ ....

6 **À l'occasion d'une quinzaine commerciale, une enquête a été réalisée auprès de 100 personnes qui ont répondu à la question :**
Que feriez-vous si, demain, vous receviez un chèque de 100 000 euros ?

Voici les résultats de cette enquête :

• Faire des voyages	35 %
• Placements divers	11 %
• Investir en actions	10 %
• Changer de résidence principale	10 %
• Devenir propriétaire d'une résidence secondaire	9 %
• Acheter une voiture de luxe	6 %
• Créer une entreprise	5 %
• Autres réponses	14 %

A. Vous êtes une des personnes interrogées, répondez oralement à la question posée.
Exemple : Moi, si je recevais un chèque de 100 000 euros, je ferais un voyage autour du monde.

B. Commentez les résultats de ce sondage.
Exemple : 35 % des personnes interrogées ont répondu qu'elles feraient des voyages.

11 % ont répondu qu'elles ....

....

....

....

....

....

....

....

i Internet

7 **Vrai ou faux ? Cochez la réponse choisie.**

	Vrai	Faux
1. Les moteurs de recherche et portails divers constituent plus de la moitié des consultations de sites sur Internet.	☐	☐
2. Les femmes consultent plus souvent les sites consacrés aux médias que les hommes.	☐	☐
3. Les sites consacrés aux spectacles, aux livres et à la musique correspondent au tiers des sites visités.	☐	☐
4. En cas d'achat d'un produit sur Internet, le règlement ne peut se faire qu'après réception de ce produit.	☐	☐
5. En cas de transaction « en ligne sécurisée », l'acheteur paie avec sa carte de crédit.	☐	☐
6. Quand on paie par chèque un produit commandé sur Internet, on doit communiquer son numéro de compte bancaire au serveur commerçant avant l'envoi du chèque.	☐	☐

7. C'est le serveur commerçant qui fournit à la demande de ses clients un portefeuille électronique. ☐ ☐

8. Pour pouvoir payer un achat sur Internet avec une carte à puce, l'acheteur et le commerçant doivent disposer l'un et l'autre d'un lecteur de carte à puce. ☐ ☐

Testez-vous !

8 Comprendre un courrier commercial.

FINANSAIR
Société Financière
8, rue Charles-Rennes
59 072 ROUBAIX CEDEX 1
Tél. : 03 40 60 52 52

Monsieur Félix MARTIN
18, rue Ordener
75 018 PARIS

AR. Crepon
Réf. VCOTTON

Objet : Crédit Espace

Roubaix, le 26 novembre

Monsieur,

Votre demande de crédit ESPACE a retenu toute mon attention.

Compte tenu des renseignements que vous me communiquez, je regrette de ne pouvoir vous suivre dans votre projet actuellement.

Toutefois, si votre situation personnelle ou professionnelle évolue, je reste à votre disposition pour étudier une nouvelle demande dans quelques mois.

Je vous remercie de votre confiance et je vous prie d'agréer, Monsieur, l'expression de mes sentiments distingués.

Le Service Clientèle
C. DUBOIS

P.S. Rassurez-vous, tous vos documents vous seront retournés par pli séparé.

1. Le siège de la société FINANSAIR se trouve :
   ☐ a. à Paris. ☐ b. à Roubaix. ☐ c. à Rennes.
2. La société de crédit FINANSAIR écrit au client pour :
   ☐ a. proposer un nouveau crédit.
   ☐ b. accepter le crédit demandé.
   ☐ c. refuser le crédit demandé.
3. Les documents fournis par le client sont :
   ☐ a. détruits.
   ☐ b. renvoyés par courrier spécial.
   ☐ c. conservés par la société.

pp. 138 à 145

Vous avez un problème ?

le plus-que-parfait : l'antériorité dans le passé

Quelle est la raison ?

1 A. Faites correspondre les événements passés (groupe A) et leurs explications (groupe B).

Groupe A

1. Cet assureur a été renvoyé

2. Les clients ont été malades

3. L'homme a été condamné

4. Elle n'a pas été acceptée pour ce poste

5. Il a fini par acheter un vélo

Groupe B

a. parce qu'il avait eu un retrait de permis de conduire.

b. parce qu'elle n'avait pas suivi de stage.

c. parce qu'on leur avait servi du poisson pas frais.

d. parce qu'il avait oublié d'enregistrer la déclaration de sinistre.

e. parce qu'il avait commis une double infraction.

B. Comparez les actions des groupes A et B.
Cochez la réponse choisie. Dites si :

☐ **a.** les actions B ont eu lieu après les actions A

☐ **b.** les actions B ont eu lieu en même temps que les actions A

☐ **c.** les actions B ont eu lieu avant les actions A

Le plus-que-parfait utilisé pour les actions B indique donc :

☐ l'antériorité ☐ la simultanéité ☐ la postériorité dans le passé

2 Complétez les phrases. Mettez les verbes au plus-que-parfait.

1. Les policiers ont arrêté une automobiliste parce qu' :

a. elle .... *(ne pas respecter)* un stop.

b. elle .... *(se garer)* devant une porte de garage.

c. elle .... *(refuser)* la priorité.

d. elle .... *(doubler)* en haut d'une côte.

e. elle .... *(brûler)* le feu rouge.

f. elle .... *(dépasser)* la vitesse autorisée.

2. Qu'aviez-vous fait pour avoir des frais supplémentaires à régler ? J'ai dû payer parce que :

a. je .... *(ne pas envoyer)* ma facture dans les délais.

b. j' .... *(oublier)* de composter mon ticket de métro.

c. j' .... *(voyager)* en 1re classe avec un billet de 2e classe.

d. j' .... *(payer)* mes impôts en retard.

e. j' .... *(dépasser)* la date limite pour mon assurance automobile.

si + plus-que-parfait ➟ conditionnel passé

Paroles de chauffard*

3 Voici ce que dit un automobiliste qui vient d'être arrêté par la police.

1. « Si je n'avais pas dépassé la vitesse autorisée, le policier ne m'aurait pas arrêté. »
2. « J'ai dépassé la vitesse autorisée et le policier m'a arrêté. »

A. Dans quelle phrase :

a. L'automobiliste explique ce qui s'est passé et la conséquence qui en a résulté ? Phrase ....
b. L'automobiliste imagine un scénario fictif (différent de la réalité passée) et sa conséquence dans le passé ? Phrase ....

B. Trouvez la règle.

Pour développer un scénario fictif (différent de la réalité passée), on utilise donc la structure :

Si + ... (fait passé imaginé) ➟ .... (sa conséquence dans le passé).

4 Voici une liste d'infractions au code de la route :

1. Doubler en plein virage. – **2.** Prendre une autoroute à contresens. – **3.** Rouler la nuit sans phares. – **4.** Klaxonner en pleine ville. – **5.** Circuler sans plaque d'immatriculation. – **6.** Conduire en état d'ivresse.

Imaginez les paroles des automobilistes qui ont commis ces infractions :

1. Si .... ,
2. Si .... ,
3. Si .... ,
4. Si .... ,
5. Si .... ,
6. Si .... ,

➟ le policier ne m'aurait pas arrêté.

5 Imaginez ce qui se serait passé s'ils n'avaient pas fait ça.

Exemple : Votre médecin s'est trompé de traitement et vous n'avez pas pu reprendre votre travail.
➟ *S'il ne s'était pas trompé de traitement, j'aurais pu reprendre mon travail.*

1. Votre femme a pris votre voiture et elle a eu un accident.

....

* Un mauvais conducteur. Un conducteur dangereux.

2. Cet assureur n'a pas réussi à vous convaincre parce qu'il n'a pas été assez clair dans ses propos.

....

3. Le gardien a oublié de fermer votre bureau à clé et on vous a volé votre ordinateur.

....

4. Le chauffeur n'a pas pris la bonne direction et vous êtes arrivé en retard.

....

5. Votre secrétaire n'a pas posté le courrier et les lettres urgentes ne sont pas parvenues à leurs destinataires.

....

6. Votre comptable a fait une erreur dans les comptes et vous avez dû refaire tous les calculs à sa place.

....

les verbes *devoir*, *pouvoir*, *vouloir* au conditionnel passé

6 Lisez les répliques suivantes et dites pour chacune si la personne :
a. exprime un regret,
b. fait un reproche à quelqu'un.

1. J'aurais voulu être médecin. ....
2. Je n'aurais jamais dû vous engager comme assureur ! ....
3. Vous auriez dû m'avertir ! ....
4. J'aurais bien voulu le rencontrer. ....
5. Je n'aurais jamais dû signer ce contrat d'assurance ! ....
6. Ils auraient pu me le dire avant ! ....
7. On aurait dû aller dans un autre cabinet médical. ....
8. Tu aurais pu avoir un accident ! ....

les pronoms relatifs *où* et *dont*

7 C'est un truc* pour quoi faire ?
A. Lisez les définitions et devinez l'objet.
une ordonnance – un médicament – une carte grise – un classeur – un contrat d'assurance – un constat amiable.

1. C'est un truc dont on ne peut pas se passer quand on est malade.

   Quand on est malade, on ne peut pas se passer d'..

2. C'est un truc où figurent des informations sur votre voiture.

   Des informations sur votre voiture figurent sur..

3. C'est un truc dont mon assureur se sert pour ranger les contrats d'assurance.

   Mon assureur se sert d'.. pour ranger les contrats d'assurance.

4. C'est un truc <u>où</u> l'automobiliste note les circonstances de l'accident.

L'automobiliste note les circonstances de l'accident sur ....

5. C'est un truc <u>dont</u> on a besoin pour se protéger des dégâts des eaux.

On a besoin d'.. pour se protéger des dégâts des eaux.

6. C'est un truc <u>où</u> sont notés les médicaments prescrits par le médecin.

Les médicaments prescrits par le médecin sont notés sur ....

* Français familier. On emploie le mot « truc » quand on ne connaît pas bien, qu'on ne connaît pas du tout ou qu'on ne trouve pas le nom d'un objet.

B. Trouvez la règle.

a. On utilise le pronom relatif .... quand le « truc » est complément introduit par *de* dans la phrase qui sert à donner une précision sur cet objet.

b. On utilise le pronom relatif .... quand le « truc » est complément de lieu dans la phrase qui sert à donner une précision sur cet objet.

8 Complétez les phrases avec *où* ou *dont*.

1. Notez l'adresse .... vous devez expédier ce rappel de paiement. – **2.** J'ai perdu le portefeuille .... j'avais mis tous les papiers de ma voiture. – **3.** Le contrat .... je vous ai parlé couvre également les dégâts des eaux. – **4.** Ils ont pris un médicament .... l'usage est interdit. – **5.** Voici les coordonnées de la caisse primaire d'Assurance Maladie .... vous dépendez et .... vous pourrez retirer votre carte Vitale. – **6.** Elle souffre d'étranges maux de tête .... on ne trouve pas l'origine. – **7.** Donnez-moi le nom d'un cabinet médical .... je peux me faire vacciner sans attendre. – **8.** Un an de retrait de permis pour excès de vitesse : c'est une faute de conduite .... il se souviendra longtemps !

i La Sécurité sociale

9 Vrai ou faux ? Cochez la réponse choisie.

	Vrai	Faux
1. Les salariés français bénéficient d'assurances sociales qui couvrent les frais en cas de maladie ou d'accident du travail.	☐	☐
2. Après chaque consultation médicale, c'est le médecin qui doit remplir et envoyer la feuille de soins de son patient à la Sécurité sociale.	☐	☐
3. Sur la feuille de soins, on doit indiquer son âge.	☐	☐
4. La Sécurité sociale rembourse entre 20 % et 50 % des frais d'hospitalisation.	☐	☐
5. Le certificat d'arrêt de travail est établi par l'employeur.	☐	☐
6. Les accidents du travail et les maladies professionnelles sont mieux couvertes.	☐	☐

7. La Sécurité sociale rembourse intégralement les frais de pharmacie. ☐ ☐

8. La carte Vitale est une carte d'assurance maladie. ☐ ☐

9. Les assurances complémentaires remboursent la partie qui n'a pas été prise en charge par la Sécurité sociale. ☐ ☐

10. Les frais de maternité (soins, accouchement) sont pris entièrement en charge par la Sécurité sociale. ☐ ☐

Testez-vous !

⑩ Comprendre une lettre envoyée par un service de recouvrement.

BOUYGUES TELECOM
SERVICE RECOUVREMENT
41924 BLOIS CEDEX 09
FAX : 01 55 63 48 43

Mademoiselle FAUSTINE DUPUIS
46, allée des Colombes
91370 VERRIÈRES-LE-BUISSON

Références à rappeler LE PETIT RUISSEAU
n° de Compte : 1.1890547

Mademoiselle,

Bouygues Telecom vous remercie de votre fidélité et cherche à répondre le mieux possible à vos attentes.

Sauf erreur de notre part, nous n'avons pas enregistré à ce jour le paiement de votre dernière facture s'élevant à 56 euros.

La date limite de paiement était le 24 août, nous vous prions de vérifier si votre règlement a été effectué avant ce rappel.

Nous vous serions reconnaissants de régulariser cet oubli par retour de courrier.

Pour des raisons de sécurité, tout retard persistant nous entraînera à limiter les services de votre ligne.

Si votre paiement s'est croisé avec notre courrier, veuillez ne pas en tenir compte.

Nous vous prions d'agréer, Mademoiselle, l'expression de nos salutations distinguées.

Service Recouvrement

Pour un paiement par carte bancaire, appelez le 614 depuis votre mobile.

Rétablissement d'une ligne limitée ou suspendue

Si vous payez par chèque ou par mandat, n'oubliez pas qu'un délai minimum de 5 jours ouvrés sera nécessaire pour recevoir le paiement, mettre à jour votre compte et rétablir la ligne. Inutile de nous contacter, la remise en service se fera automatiquement.

1. La lettre de Bouygues Télécom est adressée à :
   ☐ a. une entreprise. ☐ b. une banque. ☐ c. un particulier.
2. Dans cette lettre, Bouygues Télécom informe le destinataire que :
   ☐ a. ils ont bien reçu son dernier paiement.
   ☐ b. il y a un retard dans le paiement de la dernière facture.
   ☐ c. une erreur s'est glissée dans le montant du paiement.
3. Le paiement de la dernière facture :
   ☐ a. doit être adressée dans les 48 heures.
   ☐ b. a été effectuée par carte bancaire.
   ☐ c. a été envoyée le 24 août.

unité 18

pp. 146 à 153

Un lancement réussi

la formation du subjonctif

Quelle voiture !

1 A. Voici des annonces publicitaires. Dites pour chacune d'elles quel est l'argument de vente : *confort – séduction – fiabilité – prix – durée – taille – autre.*

1. Elle n'est pas encore amoureuse de vous ? Pour qu'elle le devienne, achetez-lui une Tipo ! .... – **2.** Si tu détestes les pannes, il faut que tu t'offres une Tipo ! .... – **3.** Si vous voulez rouler dans la même voiture dans dix ans, il faut que vous preniez une Tipo ! .... – **4.** Mes vieux parents supportent difficilement les longs voyages. Moi, je leur dis qu'il faut qu'ils s'achètent une Tipo ! .... – **5.** Pour nous glisser dans les embouteillages il faut que nous roulions en Tipo, le plus petit des modèles, mais le plus grand par sa technicité ! .... – **6.** Quand on a, comme moi, un budget moyen, mais des goûts de luxe, le bon sens veut qu'on choisisse une Tipo. .... – **7.** Moi, je suis français, mais européen avant tout ; il est donc nécessaire que je prenne la plus européenne des voitures : la Tipo. ....

B. Dans leurs commentaires sur la Tipo, les publicistes ont exprimé différentes idées (volonté, nécessité, but) qui entraînent l'usage du subjonctif. Observez le tableau. Il regroupe les formules utilisées par ces personnes :

Idée exprimée					
• La nécessité ➡	il est nécessaire	que je	prenn	**e**	une Tipo.
• La nécessité ➡	il faut	que tu	t'offr	**es**	une Tipo.
• Le but ➡	pour	qu'elle	devienn	**e**	amoureuse de vous.
• La volonté ➡	le bon sens veut	qu'on	choisiss	**e**	une Tipo.
• La nécessité ➡	il faut	qu'ils	s'achèt	**ent**	une Tipo.
• La nécessité ➡	il faut	que nous	roul	**ions**	en Tipo.
• La nécessité ➡	il faut	que vous	pren	**iez**	une Tipo.

C. Complètez la règle.

Pour les personnes *je, tu, il/elle* et *ils/elles*, on utilise le radical de la :

☐ **a.** 2e personne du pluriel du présent

☐ **b.** 3e personne du pluriel du présent et on ajoute *-e, -es, -e, -ent.*

Pour les personnes *nous* et *vous*, les formes sont identiques à celles :

☐ **c.** de l'imparfait. ☐ **d.** du futur.

2 Identifiez les verbes (irréguliers) au subjonctif. Donnez leur infinitif.

Une future conductrice de la Tipo parle à une amie : « J'ai l'intention d'acheter une nouvelle voiture. Je veux qu'elle soit élégante, qu'elle ait la climatisation, qu'elle fasse des kilomètres sans trop consommer, et qu'elle puisse durer longtemps ! En résumé, il faut qu'elle sache me plaire totalement. »
« Moi, si j'ai un conseil à te donner : il faut que tu ailles voir la Tipo chez le concessionnaire le plus proche ! »

exprimer la necessité et l'obligation • *il faut que* + subjonctif

3 Transformez les phrases, comme dans l'exemple.
Une secrétaire doit répondre au courrier. → Il faut qu'elle réponde au courrier.

1. Une entreprise doit faire de la publicité pour vendre ses produits.

2. Le gel douche doit être conditionné dans un tube.

3. Les voyageurs doivent partir avec des crèmes anti-moustiques.

4. Les distributeurs doivent disposer des trousses de voyage dans les rayons.

5. Le vendeur doit connaître toute la gamme des produits *Paragem*.

6. La campagne publicitaire doit débuter demain.

7. Le fabricant doit lancer un nouveau produit sur le marché.

8. Les distributeurs doivent avoir des échantillons pour les clients.

4 Quelles doivent être les qualités et les compétences requises pour exercer ces professions : *un publiciste – un animateur radio – un journaliste – un représentant – un homme d'affaires – un vendeur ?* **Faites des phrases avec : *Il faut que* + subjonctif.**

les indéterminés : *certain(e)* + nom, *quelques* + nom

5 Des personnes parlent de leurs vacances.

1. – Tu as déjà pris tous tes jours de congé ?
   – Non, seulement quelques jours, je garde une bonne semaine pour Noël.
2. – Alors, comment ça c'est passé, tes vacances ? Vous avez fait beaucoup de choses ?
   – Oui, pas mal, certains jours, on s'est baladé, on a visité la région et le reste du temps, on était tranquillement sur la plage.

Trouvez la nuance de sens dans les phrases ci-dessus. Mettez *quelques* et *certains* à la place qui convient.

a. .... jours mais pas les autres jours → L'indétermination porte sur la quantité et l'identité.

b. .... jours mais pas tous les jours → L'indétermination porte exclusivement sur la quantité (assez petite).

6 Complétez ces propos avec *certain(e)s* ou *quelques.*

1. J'ai pris contact avec .... publicistes et .... slogans m'ont beaucoup plu. – **2.** Notre personnel est très jeune dans l'ensemble, cependant, il y a .... employés qui sont dans la société depuis plus de vingt ans et .... personnes sont incompétentes, mais je ne citerai pas de noms ! – **3.** J'ai encore .... échantillons à envoyer d'urgence : .... distributeurs ne peuvent pas attendre. – **4.** Vous avez fait .... promotions dans l'année, mais .... articles n'ont pas eu de succès auprès des consommateurs. – **5.** Depuis .... semaines, ... consommateurs n'achètent plus les produits de cette entreprise parce qu'ils n'ont pas le label de qualité. – **6.** Il nous reste encore .... guides pratiques, mais .... exemplaires sont en mauvais état.

les pronoms indéterminés *certain(e)s*, *quelques-uns/unes*, *les/(d') autres*, *tous/toutes/tout*

7 Trouvez de quoi on parle.

1. Tous sont des liquides.
Quelques-uns ne sont pas français.
Certains peuvent être très chers.
D'autres sont à des prix abordables.
Certains sont rouges.

....

2. Tous sont fabriqués avec le même matériau.
Certains sortent tous les jours.
D'autres toutes les semaines.
D'autres enfin sortent tous les mois.
Quelques-uns sont en couleur.

....

3. Toutes ont une marque.
La plupart sont assez jeunes mais
certaines sont très anciennes et coûtent très cher.
Quelques-unes fonctionnent à l'électricité,
mais c'est assez rare.

……………………………………

4. Toutes ont la même finalité.
Certaines passent à la télé.
D'autres, dans les journaux.
D'autres enfin sont dans la rue.
Quelques-unes sont très amusantes.

……………………………………

8 **Complétez les phrases avec un indéterminé.**

1. Les publicités ne sont pas …………………… bonnes : …………………… sont très amusantes, mais …………………… sont très ennuyeuses. – **2.** Nous avons reçu …………………… projets intéressants de la part de l'agence de pub et …………………… sont même vraiment géniaux ! – **3.** Regardez vos concurrents : …………………… ne sont pas dangereux, mais …………………… sont à surveiller de près ! – **4.** Si vous regardez la courbe des ventes, vous pouvez voir que …………………… ont augmenté. Je vous dis que …………………… va mieux à présent ! – **5.** Ah ! les petites voitures ! …………………… sont charmantes mais …………………… consomment plus que …………………… ! – **6.** Ah ! les fromages français, je les aime tous, …………………… ont un goût très fort : ce sont mes préférés.

les comparatifs

Comparez leurs performances !

9 **A. Lisez le questionnaire destiné à l'acquéreur d'une nouvelle voiture.**

Questionnaire

1. Êtes-vous	☐ plus ☐ aussi ☐ moins	satisfait de votre nouvelle voiture que de l'ancienne ?
2. Comporte-t-elle	☐ plus ☐ autant ☐ moins	d'options ?
3. Consomme-t-elle	☐ plus ? ☐ autant ? ☐ moins ?	
4. A-t-elle	☐ une meilleure ☐ une aussi bonne ☐ une moins bonne	tenue de route ?
5. Peut-elle aller	☐ plus ☐ aussi ☐ moins	vite ?
6. Freine-t-elle	☐ mieux ☐ aussi bien ☐ moins bien	que l'ancienne ?

Trouvez la règle. Complétez avec les termes comparatifs qui conviennent.

• On compare des quantités de quelque chose

+ .... de
= .... de ▸ + nom
– .... de

Exemple : question n° ....

• On compare une quantité d'action

verbe + ◂ + ...
= ....
– ....

Exemple : question n° ....

• On compare des qualités
(on qualifie un nom)

+ ....
= .... ▸ + adjectif
– ....

Exemple : question n° ....

Exception : (+) bon ➡ ....

• On compare une qualité
(on qualifie le comment d'une action)

+ ....
= .... ▸ + adverbe
– ....

Exemple : question n° ....

Exception : (+) bien ➡ ....

⑩ **La *Librairie du Progrès* et la *Maison de la Presse* sont les deux boutiques où les habitants d'une petite ville de province peuvent acheter livres, journaux et magazines.**
Comparez ces deux magasins en vous inspirant du tableau suivant :

	Librairie du Progrès	Maison de la Presse
Situation géographique		Avantage
Surface	Égalité	
Ancienneté	Avantage	
Accueil	Avantage	
Choix des livres		Avantage
Choix des journaux, magazines	Égalité	
Actions de promotion		Avantage

....
....
....
....
....
....
....
....

Marketing et promotion

11 Vrai ou faux ? Cochez la réponse choisie.

	Vrai	Faux
1. Les sociétés de grande distribution privilégient l'affichage comme moyen de diffusion de leurs messages publicitaires.	☐	☐
2. On peut voir des annonces publicitaires *Carrefour* au cinéma.	☐	☐
3. L'avantage majeur de faire passer un message publicitaire à la radio, c'est son impact immédiat.	☐	☐
4. Les annonceurs consacrent un budget de plus en plus important à la publicité.	☐	☐
5. La presse est le moyen de diffusion le plus utilisé pour transmettre un message publicitaire.	☐	☐
6. Les annonceurs dépensent plus en marketing direct qu'en messages publicitaires à la télévision.	☐	☐
7. Le mécénat est une forme de publicité.	☐	☐

Testez-vous !

12 Le texte de cette publicité est incomplet. Complétez-le. Choisissez les termes appropriés.

1. a. centres – b. achats – c. marchés – d. magasins
2. a. billets – b. budgets – c. paiements – d. chèques
3. a. livraison – b. vente – c. destination – d. commande
4. a. parutions – b. guides – c. émissions – d. campagnes
5. a. commerçants – b. clients – c. acheteurs – d. groupements

www.cogepactif.com

Vendre sur Internet :
Qui peut mieux vous aider que votre banque ?

Le commerce électronique est la solution d'avenir pour la conquête de nouveaux .... (1).

Cogepactif vous offre

– l'expertise de la Banque Cogepa en matière de .... (2) sécurisés en ligne,
– une aide concrète pour la .... (3) de vos colis,
– l'assistance de professionnels de la communication pour la mise en place de .... (4) publicitaires sur Internet,
– l'accès à de nombreux fichiers .... (5).

Banque Cogepa
À nous de faire le premier pas !

pp. 154 à 161

Temps libre

l'usage du pronom *en*

1 « Avez-vous un vélo ? »

Voilà ce qu'a répondu la première personne interviewée au journaliste qui posait cette question.

1. Oui, bien sûr, j'<u>en</u> ai un et je <u>le</u> prends tous les jours pour me rendre à mon bureau !

A. Complétez : à la place du mot « vélo »,

a. la personne utilise .... pour exprimer une notion de quantité ;

b. elle utilise .... pour faire référence à un objet précis (ici : le vélo).

Voici les réponses des autres personnes :

2. Avant, j'<u>en</u> avais un, mais je ne sais plus où je <u>l'</u>ai mis !

3. Je n'<u>en</u> ai pas et je n'<u>en</u> aurai jamais : je déteste ce sport.

4. J'<u>en</u> ai un, mais je ne <u>l'</u>utilise pas.

5. J'<u>en</u> avais acheté un, mais on me <u>l'</u>a volé.

6. Je n'<u>en</u> possède pas encore, mais j'aimerais bien qu'on m'<u>en</u> offre un.

7. Moi, je n'<u>en</u> ai jamais eu de ma vie, à part un tricycle quand j'étais enfant.

B. Répondez à la question suivante : Quelle est la place du pronom *en* ?

☐ **a.** avant le verbe à un temps simple ☐ **b.** après le verbe à un temps simple

☐ **c.** avant le verbe à un temps composé ☐ **d.** après le verbe à un temps composé

Donnez des exemples.

....

....

....

C. Répondez à ces questions à la manière des personnes interviewées.

1. Avez-vous une voiture ? ....

2. Avez-vous une carte routière ? ....

3. Avez-vous un vélo d'appartement ? ....

4. Avez-vous une tenue de sport ? ....

5. Avez-vous un Wap ? ....

2 **Trouvez de quoi parlent ces personnes :** *une manifestation – un bulletin de paie – une augmentation de salaire – des tracts – un syndicat – une grève.*

1. « Pour votre inscription, il vous en faut un qui date de moins de trois mois avec le montant de votre rémunération indiqué en francs et en euros. » ....

2. « Les ouvriers en ont fait une qui a duré plus d'une semaine ! » ....

3. « Nous, on en a un qui défend très bien nos droits. » ....

4. « Pourquoi tu n'en demandes pas une à ton patron, toi qui as tant besoin d'argent ! » ....

5. « Il y en avait une ce matin : toute la rue était bloquée ! » ....

6. « Ils en ont distribué beaucoup pendant la manifestation. » ....

les partitifs *du*, *de la*, *de l'* et le pronom *en*

3 **Êtes-vous sportif ?**
Voici le hit-parade des sports préférés des Français. Personnellement, quel(s) sport(s) pratiquez-vous ? Pour chaque sport, imaginez la question posée et une réponse possible.

Exemple : – Vous faites du foot ?
– Oui, j'<u>en</u> fait un peu/beaucoup/souvent...
– Non, je n'<u>en</u> fais pas/jamais.
– Non, je n'<u>en</u> ai jamais fait.

Les sports préférés des Français :

1. Le foot. ....
2. Le tennis. ....
3. Le judo. ....
4. La pétanque ....
5. Le basket. ....
6. L'équitation. ....
7. Le ski. ....
8. Le rugby. ....
9. Le golf. ....
10. La voile. ....
11. Le handball. ....
12. La natation. ....

donner des ordres • l'impératif des verbes pronominaux à la forme positive et négative

4 **Voici quelques répliques entendues pendant une manifestation.**
Trouvez pour chacune une autre formulation. Choisissez un verbe pronominal dans la liste suivante : *se dépêcher – se taire – se disperser – s'occuper – s'éloigner – s'installer – se réveiller – se presser – s'arrêter.* **Plusieurs solutions sont possibles.**

1. Partez chacun de votre côté en silence ! ....

2. Vite, vite, nous sommes les derniers ! ....

3. Ne mets pas tes affaires ici ! ....

4. Marche doucement, les autres ne sont pas encore arrivés ! ....

5. Ne parle pas, je ne veux rien entendre ! ....

6. Ouvrez les yeux ! Le patronat vous exploite ! ....

7. Continuez et ne faites pas attention à nous ! ....

8. Allons plus loin, c'est très dangereux ici ! ....

9. Stop ! N'avancez plus ! ....

exprimer un doute ➞ subjonctif • exprimer une certitude ➞ indicatif

5 **Un sondage a été réalisé auprès de délégués syndicaux.**
Question 1 : Pensez-vous que, dans dix ans, il y aura moins de chômage qu'actuellement ?
Voici les opinions de cinq de ces délégués :

1. Moi, je doute vraiment qu'il y ait une diminution du chômage.

2. Pour ma part, ça m'étonnerait que les chômeurs soient moins nombreux.

3. Personnellement, je suis certain qu'il y aura moins de chômage.

4. D'après moi, je ne pense pas qu'il y ait moins de chômage à l'avenir, au contraire.

5. Il se peut qu'il y ait une régression du chômage, mais rien n'est moins sûr !

A. Une seule de ces personnes est optimiste. Laquelle ? Réponse n° ....

B. Complétez le tableau.

Exprimer un doute		Exprimer une certitude
Je doute (vraiment) que …	+ subjonctif	.... que …+ indicatif
.... que …		
.... que …		
.... que …		

C. Répondez personnellement aux autres questions du sondage.

Question 2 : Pensez-vous qu'on trouvera un vaccin contre le sida ?

……………………………………………………………………………………

Question 3 : Pensez-vous qu'il y aura moins de pollution ?

……………………………………………………………………………………

Question 4 : Pensez-vous que les achats se développeront sur Internet ?

……………………………………………………………………………………

Question 5 : Pensez-vous que nous aurons plus de temps libre ?

……………………………………………………………………………………

6 Dernières nouvelles
Réagissez à ces informations entendues à la radio. Complétez les réactions qu'elles provoquent, comme pour l'exercice précédent.

1. Loisirs – Le spectacle de Johnny Hallyday n'aura pas lieu ce soir : l'artiste est souffrant.

Je suis désolé(e) que ……………………………………………………………

2. Finances – Le gouvernement annonce une baisse des impôts.

Je doute (fort) que ……………………………………………………………

3. Sport – Les Français sont champions d'Europe de football.

Je suis ravi(e) que ……………………………………………………………

4. Social – Les grévistes ont obtenu satisfaction.

Je suis très content(e) que ……………………………………………………

5. Économie – Les principales valeurs boursières sont en baisse.

Ça m'ennuie un peu que ……………………………………………………

6. Météo – Le temps change

J'ai peur que ……………………………………………………………………

le discours indirect

Qu'est-ce qu'il a dit ?

7 Un directeur rapporte à son P.-D.G. les points principaux de son entrevue avec M. Tsuda, lui-même P.-D.G. d'une entreprise japonaise désireuse de trouver des sous-traitants en France.

« Pour commencer, il a déclaré qu'il était très honoré de notre future collaboration. Il demande si nous pouvons accueillir trois de leurs experts et, si oui, combien de temps ils pourront rester dans nos locaux. Il demande à ce propos de prévoir un interprète. Par ailleurs, il vous propose, Monsieur le Président-directeur général, de venir au Japon visiter leur siège de Fobé et il a ajouté pour finir que l'ensemble de ses ingénieurs appréciaient particulièrement vos produits et seraient ravis de travailler avec nous. »

Comment rapporter des paroles. Complétez le tableau avec des exemples tirés du texte.

Types de paroles	Exemples	Verbes introducteurs
• **Une remarque**	Il a déclaré qu'il était très honoré… Il a ajouté que ses ingénieurs appréciaient… J'ai dit/expliqué/précisé/conclu que nous étions d'accord.	déclarer que …………………… (dire, expliquer, préciser, conclure)
• **Une réponse**	J'ai répondu que tout allait bien.	répondre que
• **Une demande d'information** – Question fermée – Question ouverte – Question avec *Qu'est-ce que*	 …………………… …………………… Il m'a demandé ce que j'en pensais.	 …………………… …………………… demander ce que
• **Une proposition**	……………………	……………………
• **Une demande de faire**	…………………… Elle vous dit d'accepter.	…………………… dire de + infinitif

8 Rapportez ces différents propos échangés entre collègues. Aidez-vous du tableau de l'exercice 7.

1. « Tu as l'air fatigué en ce moment. » ……………………

2. « Combien de jours de congé on a exactement ? » ……………………

3. « Qu'est-ce que tu penses de cette grève ? » ……………………

4. « Tu connais un bon club de gym dans le coin ? » ……………………

5. « Consulte Internet pour en savoir plus. » ……………………

6. « À quelle heure tu termines ce soir ? » ……………………

7. « Je soutiens les manifestants. » ……………………

8. « Qu'est-ce que tu fais pour le week-end ? » ……………………

9. « Tu es à quelle banque ? » ……………………

10. « Je veux adhérer à un syndicat, mais j'hésite entre deux. » ……………………

……………………

11. « Où est-ce que tu fais du vélo, le dimanche ? » ……………………

12. « Tu peux venir dîner chez nous ce soir, si tu veux. » ……………………

……………………

Les Français et le sport • Les syndicats

9 Vrai ou faux ? Cochez la réponse choisie.

	Vrai	Faux
1. Plus de la moitié des Français pratiquent un sport tous les jours.	☐	☐
2. « Les 24 heures du Mans » est une course cycliste en relais qui dure un jour complet.	☐	☐
3. Les Français consacrent au sport un budget de cinq milliards d'euros.	☐	☐
4. La France a remporté la coupe du Monde de football en 1998.	☐	☐
5. On peut pratiquer un sport à moindre coût en passant par le comité d'entreprise de la société dans laquelle on travaille.	☐	☐
6. « Force Ouvrière » est la première organisation syndicale.	☐	☐
7. « CFTC » signifie « Confédération française des travailleurs chrétiens ».	☐	☐
8. Les cadres au chômage choisissent de plus en plus la CFDT pour défendre leurs intérêts.	☐	☐
9. La CGT est le plus ancien des syndicats français.	☐	☐

Testez-vous !

10 Comprendre un article de presse.

1. La société conseil *Agio Lowendal* permet aux sociétés de réaliser des économies sur :
- ☐ a. le nombre d'heures travaillées.
- ☐ b. le nombre de salariés.
- ☐ c. les cotisations, les impôts, les taxes.

2. En paiement de ses services, la société *Agio Lowendal* demande :
- ☐ a. une somme inférieure ou égale à la moitié des économies réalisées.
- ☐ b. une somme fixe.
- ☐ c. une somme supérieure à la moitié des économies réalisées.

3. Depuis sa création, le chiffre d'affaires d'*Agio Lowendal* :
- ☐ a. a triplé.
- ☐ b. a doublé.
- ☐ c. n'est pas précisé.

La Révélation : Pierre Lasry

Directeur général d'AGIO LOWENDAL

Attention, ce garçon est en passe de devenir la terreur de l'administration française ! À 28 ans, Pierre Lasry dirige la société *Agio Lowendal*, spécialisée dans la chasse aux surcoûts des entreprises. Ses cibles favorites : les impôts et les charges sociales. […]

C'est en 1992 que Pierre Lasry, alors étudiant en philosophie à la Sorbonne, crée sa société de conseil en économies d'impôts. L'année suivante, elle compte déjà 35 collaborateurs. Ses équipes passent au crible les dépenses des entreprises susceptibles d'être allégées. Frais généraux, cotisations sociales, impôts… *« Nous nous rémunérons en prélevant un pourcentage qui varie de 30 à 50 % sur les gains obtenus »*, explique Pierre Lasry. Depuis sa création, *Agio Lowendal* a ainsi traité 7 millions de notes de restaurant et d'hôtel, et a permis à ses clients d'économiser près de 120 millions d'euros de TVA ! […]

Ce jeune homme sage justifie son action par la complexité du droit social et fiscal en France et en Europe. […]

« Les 35 heures sont une chance pour nous, affirme Pierre Lasry. *Les entreprises redoublent d'efforts pour éliminer les coûts cachés. »* De plus en plus, elles confient cette traque à des spécialistes. Cette année, le chiffre d'affaires d'*Agio Lowendal* devrait ainsi progresser de plus de 50 %. […]

Objectif : tripler le chiffre d'affaires de l'entreprise à l'horizon 2003. Ce qui signifie près de 150 millions d'euros en moins dans les caisses de l'État. L'argent n'est pas toujours du côté que l'on croit.

D'après un article paru dans *Challenges*.

pp. 162 à 169

« Made in France »

le pronom *y*

Allez-y !

1 A. Barrez la réponse qui n'est pas adaptée.

1. On y reste parfois très longtemps :
- ☐ a. à l'école.
- ☐ b. à la fin de la soirée.
- ☐ c. dans un salon.
- ☐ d. chez le médecin.

2. On y boit du vin :
- ☐ a. dans un verre.
- ☐ b. en Bourgogne.
- ☐ c. en apéritif.
- ☐ d. au Salon de l'agriculture.

3. On y monte jusqu'en haut :
- ☐ a. sur la tour Eiffel.
- ☐ b. sur une montagne.
- ☐ c. en ascenseur.
- ☐ d. sur la tour Montparnasse.

4. On y va pour se distraire :
- ☐ a. au cinéma.
- ☐ b. à vélo.
- ☐ c. à un match de football.
- ☐ d. au théâtre.

B. Cochez la bonne réponse. Le pronom *y* répond à la question :

☐ a. quand ☐ b. où ☐ c. combien ☐ d. comment

2 A. Dites de quels lieux touristiques on parle.

Exemple : Je n'y suis jamais allé(e) ➡ au musée d'Orsay/au festival d'Avignon

1. J'y suis monté(e). ➡ ....

2. Je n'y retournerai jamais ! ➡ ....

3. Je n'y suis allé(e) qu'une seule fois. ➡ ....

4. Retournez-y, c'est formidable ! ➡ ....

5. Je n'y suis pas encore allé(e). ➡ ....

6. Je ne veux pas y entrer. ➡ ....

7. N'y allez pas, il y a trop de monde ! ➡ ....

8. Allons-y ! ➡ ....

B. Complétez le tableau.

	la place du pronom *y*	
Verbes	avant le verbe	après le verbe
– à un temps simple – à un temps	....	
– à l'impératif .... – à l'impératif négatif	N'y allez pas !	....
– à l'....................................	Je ne veux pas y entrer.	

3 Devinettes

Trouvez de quelle région ou de quelle ville françaises on parle.

Exemple : On peut y voir la mer. – Il y fait chaud. – On y voit de très belles femmes, surtout en mai. – Allez-y, si vous aimez le cinéma ! ➞ *à Cannes.*

1. On y voit un célèbre pont. – Des papes y ont habité. – N'y allez pas en juillet si vous n'aimez pas le théâtre. ➞ ....

2. On y rencontre beaucoup de vaches. – On y fabrique un très bon fromage. – Il y pleut très souvent – Allez-y en train ou en voiture, c'est à 100 km environ de Paris. ➞ ....

4 À votre tour !

Pensez à un pays, une région ou une ville et fabriquez une définition mystère de ce lieu, comme dans l'exercice précédent. Donnez des précisions sur :
– les caractéristiques économiques du lieu,
– les activités possibles sur place (sports, loisirs, gastronomie...),
– autres.

....

....

....

le discours indirect dans le passé

Il m'a dit que...

5 L'animateur du comité d'entreprise de *Sagem* est chargé de faire visiter la région du Beaujolais à deux stagiaires étrangers : messieurs Perez et Sanchez.

A. Lisez la conversation entre l'animateur et les deux stagiaires.

<u>Juste avant le départ</u>

L'animateur : « Savez-vous où se trouve la région du Beaujolais ? »

Réponse n° 1, monsieur Sanchez : « Oui, bien sûr, elle se trouve entre la Bourgogne et la région lyonnaise. »

L'animateur : « Très, très bien ! Et vous connaissez peut-être la région ? »
Réponse n° 2, monsieur Perez : « Non, non, nous n'y sommes jamais allés. »
L'animateur : « Vous avez l'intention d'acheter du vin sur place ? »
Réponse n° 3, monsieur Sanchez : « Naturellement ! On reviendra avec un maximum de bouteilles ! »

B. Répondez. Indiquez le numéro de la réponse : 1, 2 ou 3 ?

Les stagiaires évoquent :
a. un fait qui s'est passé (ou pas) avant le moment où ils s'expriment : réponse n° .... – **b.** un fait/une situation qui a lieu en même temps que le moment où ils s'expriment : réponse n° .... – **c.** un fait qui aura lieu après le moment où ils s'expriment : réponse n° ....

C. Quelques jours plus tard, l'animateur évoque sa conversation. Lisez les propos qu'il rapporte.

<u>Après la visite</u>
« Monsieur Perez et monsieur Sanchez connaissent bien la géographie de la France : juste avant le départ, ils m'ont dit que le Beaujolais se trouvait entre la Bourgogne et la région lyonnaise, mais qu'ils n'y étaient jamais allés. Ils m'ont précisé qu'ils reviendraient avec un maximum de bouteilles. Et, effectivement, ils sont revenus avec deux caisses de douze bouteilles chacun ! »

D. Trouvez la règle de fonctionnement du discours rapporté dans le passé. Complétez le tableau. (Reportez-vous à l'activité A pour les paroles directes et à l'activité C pour le discours indirect.)

	Paroles directes	Paroles rapportées dans le passé	Transformations opérées
Fait antérieur	« .... »	....	.... ➟ ....
Fait/situation simultané(e)	« Le Beaujolais <u>se trouve</u> entre… »	Ils m'ont dit que le Beaujolais <u>se trouvait</u> entre…	présent ➟ imparfait
Fait postérieur	« .... »	....	.... ➟ ....

6 Rapportez ces propos entendus entre deux portes.

Exemple : Le P.-D.G. a démissionné à cause des résultats catastrophiques.
➟ Quelqu'un m'a dit que le P.-D.G. avait démissionné à cause des résultats catastrophiques.

1. Le chiffre d'affaires de la société Gripoux a augmenté de 15 % en un an.
Quelqu'un m'a dit que ....

2. On aura un billet gratuit pour le Festival.
Quelqu'un m'a dit que ....

3. Les parts de marché sont passées à 70 %.

Quelqu'un m'a dit que ....

4. On nous installe l'Intranet dans tous les bureaux.

Quelqu'un m'a dit qu'..

5. Une panne de micro s'est déclarée pendant la conférence sur l'Interculture.

Quelqu'un m'a dit qu'..

6. Le chef du personnel veut recruter des vendeurs spécialistes du Japon.

Quelqu'un m'a dit qu'..

7. Madame Arthur a eu une augmentation !

Quelqu'un m'a dit que ....

8. Les exportations sont en baisse en ce moment.

Quelqu'un m'a dit que ....

exprimer l'opinion et la perception, l'obligation, la volonté, le doute et le regret • l'usage de l'indicatif et du subjonctif

7 **A. Complétez les réflexions suivantes avec le verbe introducteur qui convient le mieux :** *penser – croire – savoir – voir – sentir – espérer – il faut que – vouloir – souhaiter – douter – regretter – être déçu – être content*

1. « Si je contacte mon adjoint, je .... que nous aurons des chances d'être entendus. »

2. « Déjà une heure que j'attends : je .... que je vais m'énerver ! »

3. « L'affaire est délicate, je .... que tout aille bien pour moi. »

4. « .... absolument que je réussisse à décrocher ce contrat, sinon c'est la catastrophe pour nous. »

5. « Je .... que nous n'obtenions aucun succès avec cette gamme de produits. »

6. Il avait l'air content, j' .... qu'il ne changera pas d'avis ! »

7. « J'ai absolument besoin de ces chiffres, je .... que le siège me fasse parvenir les derniers diagrammes sur les exploitations. »

8. « Je .... que ce spécialiste de l'Interculturel vienne vous aider. »

9. « Je .... bien qu'il est japonais, mais ce n'est pas une raison pour refuser d'acheter nos produits ! »

10. « Seulement deux contrats signés ce mois-ci ! Je .... qu'avec ça les exploitations aient augmenté. »

B. Relisez les phrases et complétez le tableau.

Verbes exprimant	+ indicatif	+ subjonctif
• l'opinion	penser, croire que	....
• le doute	....	ne pas penser/ne pas croire/douter que
• la perception	....	....
• l'obligation	....	....
• la volonté	....	....
• les sentiments	....	....
expression du but		pour que/afin que

8 Vous venez de déposer votre candidature pour un poste de directeur des exportations et vous attendez la réponse. Voici quelques réactions possibles de votre part. Complétez-les. Mettez les verbes entre parenthèses à l'indicatif ou au subjonctif, selon le sens.

1. Il faut que j' .... *(attendre)* encore deux jours avant d'avoir la réponse, c'est long !
2. Si j'ai le poste, je veux qu'on .... *(faire)* une grande fête à la maison.
3. Je doute qu'on me .... *(prendre)*, les autres sont vraiment très forts !
4. Je pense que je .... *(être)* choisi(e) !
5. J'espère que c'est moi qu'on .... *(prendre)* !
6. Je souhaite qu'on me .... *(répondre)* le plus rapidement possible !

9 Vous avez un rendez-vous professionnel important avec un client étranger, mais la personne n'arrive pas. Voici quelques réactions possibles de votre part. Complétez-les comme dans l'exercice précédent.

1. S'il y a un problème, il faut qu'il me .... *(prévenir)* pour que je n' .... *(attendre)* pas !
2. Ça m'agace qu'il .... *(être)* en retard !
3. Je sens qu'il ne .... *(venir)* pas !
4. Je suis furieux qu'il me .... *(faire)* perdre mon temps comme ça !
5. J'espère qu'il .... *(ne pas oublier)* notre rendez-vous !
6. Je pense qu'il .... *(se tromper)* de jour !

Culture et interculture

⑩ Vrai ou faux ? Cochez la réponse choisie.

	Vrai	Faux
1. La ville d'Avignon est connue pour ses spectacles d'opéra qui se déroulent dans les rues.	☐	☐
2. Les festivals d'Avignon et d'Aix-en-Provence se déroulent tous les deux en été.	☐	☐
3. Dans toute la France, le 21 juin, on peut descendre dans la rue pour jouer soi-même d'un instrument de musique ou assister à des spectacles musicaux.	☐	☐
4. Les habitudes alimentaires sont à prendre en compte quand on veut exporter un produit.	☐	☐
5. Pour un même produit, le conditionnement peut-être différent selon le pays importateur.	☐	☐
6. *Célio* édite une étiquette de prix par pays.	☐	☐

Testez-vous !

⑪ Dans chacun des paragraphes de ce document diffusé sur Internet, des parties ont été soulignées (A, B, C et D). L'une de ces parties est incorrecte. Entourez-la et corrigez-la.

Exemple : L'économie agricole est concentrer (A) dans la partie du Beaujolais (B) appelée « les Côteaux ». C'est dans cette partie (C) que se trouve (D) tout le vignoble.

Dans l'exemple, il faut entourer (A) car l'orthographe correcte est : ***concentrée.***

Times New Roman 12

1 Depuis certaines **(A)** années, le volume de beaujolais nouveau est **(B)** fixe, aux alentours de **(C)** 400 00 hl (soit 55 millions de bouteilles) **(D)**.

....

2 Plus de la moitié de son **(A)** volume (55 %) est exporté. Le champion des importations est sans conteste l'Allemagne, suivie **(B)** par les Pays-Bas, les U.S.A., la Suisse, la Grande-Bretagne, puis vient **(C)** le Japon, l'Italie, le Danemark **(D)** et le Canada.

....

3 En France, bien que la consommation dans les restaurants soit encore majoritaire (près de 40 %) **(A)**, la consommation à domicile est à nette progression **(B)**, grâce aux bons résultats de la grande distribution, mais aussi à ceux de la vente directe **(C)** et de la vente par correspondance **(D)**.

....

4 Vin convivial, qui apporte la joie au début de l'hiver **(A)**, le beaujolais nouveau, que **(B)** permet d'oublier quelques heures les problèmes, la morosité, semble avoir **(C)** encore de beaux jours devant lui **(D)**.

....

Corrigés

Unité 1

Ravi de faire votre connaissance

❶ **A. 1.** Le – **2.** et **3.** Les – **4.** La – **5.** L' – **6.** Le – **7.** L' – **8.** et **9.** Les – **10.** Le.

B. Le n° 1 s'appelle monsieur Raoul, il est responsable des ventes. – Les n°s 2 et 3 s'appellent madame Ramirez et mademoiselle Sanchez, elles sont stagiaires. – Le n° 4 s'appelle mademoiselle Eschoffier, elle est secrétaire de direction. – Le n° 5 s'appelle monsieur Roux, il est informaticien. – Le n° 6 s'appelle monsieur Turbin, il est directeur. – Le n° 7 s'appelle mademoiselle Proton de la Chapelle, elle est assistante de direction. – Les n°s 8 et 9 s'appellent messieurs Lorenz et Vergniaud, ils sont vendeurs. – Le n° 10 s'appelle monsieur Rarquer, il est chauffeur.

❷ **1.** es – **2.** est – **3.** êtes – **4.** sont – **5.** suis – **6.** sommes.

❸ **1.** nos – **2.** mon – **3.** ton – **4.** ma – **5.** votre – **6.** mes – **7.** notre – **8.** vos.

❹ **A.**

	singulier	**pluriel**
1re pers.	je travaille	nous travaillons
2^{e} pers.	tu travailles	vous travaillez
3^{e} pers.	il/elle travaille	ils/elles travaillent

B. a. On utilise le même radical pour toutes les personnes. – **b.** Les terminaisons de « je » et « il/elle » sont identiques. – **c.** -ons, -ez.

❺ **1.** nous – **2.** vous – **3.** tu – **4.** je/il/elle – **5.** ils/elles – **6.** je/il/elle.

❻ **A.**

Noms hommes	Nationalités		Noms femmes
	Masculin	Féminin	
M. Noro	japonais	japonais**e**	Mme Tagashi
M. Riu	chinois	chinois**e**	Mlle Xin
M. Hand	américain	américain**e**	Mme Patterson
M. Santos	brésilien	brésilien**ne**	Mlle Dios
M. Chang	coréen	coréen**ne**	Mme Lee
M. Vargas	argentin	argentin**e**	Mme Isidoro
M. Bergstein	allemand	allemand**e**	Mme Weinrich
M. Estarol	espagnol	espagnol**e**	Mme Jimenez
M. Athenopoulos	grec	grec**que**	Mme Mercury
M. Krapov	russe	russe	Mme Fidorsky

B.

masculin :	ais	ois	ain	ien	éen	in	d	l	c	e
féminin :	+ e	+ e	+ e	+ ne	+ ne	+ e	+ e	+e	+que	

❼ **1.** non – **2.** non – **3.** oui – **4.** non – **5.** oui.

❽ **1.** b. – **2.** c. – **3.** b. – **4.** b.

Unité 2

Vous désirez ?

❶ **A.** Je m'appelle Xavier Lefèvre. Je suis le directeur des ventes de la société *Transcontinental.* J'ai 23 ans d'expérience professionnelle. – Nous nous appelons Cécile Dax et Mireille Martin. Nous sommes les vendeuses de la société *Filtex.* Nous avons 6 ans d'expérience professionnelle. – Je m'appelle Marc Henri. Je suis le chauffeur de la société *Pontoroute.* J'ai 7 ans d'expérience professionnelle. – Je m'appelle Luc Paron. Je suis l'informaticien de la société *Métalgor.* J'ai 10 ans d'expérience professionnelle. – Nous nous appelons Jacques Bar et Thierry Hue. Nous sommes les professeurs d'anglais de l'école de langue *Interlingua.* Nous avons 13 ans d'expérience professionnelle. – Je m'appelle Rémy Fohe. Je suis le comptable de la société *A.F.I.* J'ai trois ans d'expérience professionnelle.

B. Les articles *un, une, des* s'emploient devant un nom pour marquer une idée d'imprécision (I). – Les articles *le, la, l', les* s'emploient devant un nom pour marquer une idée de précision (P).

❷ **A. 1.** une cliente – **2.** une cliente – **3.** une vendeuse – **4.** une vendeuse – **5.** une cliente – **6.** une cliente – **7.** une vendeuse/une cliente.

B. Toutes les questions peuvent être formulées avec « est-ce que », exceptées la n° 5 et la n° 7.

❸ b. – d. – c. – a. – g. – f. – e.

❹ **A. 1.** une secrétaire – **2.** un parfum – **3.** un producteur – **4.** un échantillon – **5.** un vendeur – **6.** une cliente – **7.** un savon – **8.** un ordinateur – **9.** un détaillant – **10.** un rayon.

B. Libre.

❺ **1.** cette, ces, cette – **2.** cette, cette, ce – **3.** cet, ce, ce – **4.** ce, cette, ces – **6.** ce, cette.

❻ **A. a.** cinq – **b.** neuf – **c.** dix – **d.** quatorze – **e.** quinze – **f.** seize. – **g.** dix-sept – **h.** dix-huit – **i.** dix-neuf – **j.** vingt.

B. Les nombres de 1 à 16 et le nombre 20 sont des nombres simples. – Les nombres 17, 18 et 19 sont des nombres composés.

❼ **1.** faux – **2.** faux – **3.** vrai – **4.** vrai – **5.** vrai. – **6.** faux – **7.** faux.

❽ **1.** b. – **2.** c. – **3.** a. – **4.** b.

Unité 3

En déplacement

❶ **A.** Première colonne : la France, la Finlande, la Suisse, la Chine, l'Espagne, l'Éthiopie, l'Argentine.
Un nom de pays est **féminin** quand il se termine par **e.**
Deuxième colonne : le Japon, le Portugal, le Brésil, le Canada, l'Ouganda, l'Afghanistan, l'Iran, l'Irak.
Un nom de pays est **masculin** quand il ne se termine pas par **e.**
Troisième colonne : les Baléares, les Pays-Bas, les États-Unis. Un nom de pays est **pluriel** quand il se termine par **s.**

❷ en + nom de pays féminin
au + nom de pays masculin
en + nom de pays féminin commençant par une voyelle
aux + nom de pays pluriel

❸ **a.** en – **b.** en – **c.** en – **d.** au – **e.** au – **f.** en – **g.** aux – **h.** en – **i.** en – **j.** au.

❹ **1.** en Italie – **2.** au Japon – **3.** en Grèce – **4.** aux États-Unis – **5.** en Égypte – **6.** en Algérie (Tunisie…).

❺ **A.** je vais, tu vas, il/elle va, nous allons, vous allez, ils/elles vont.

B. Libre.

❻ **A. 1.** b. – **2.** d. – **3.** a. – **4.** e. – **5.** c.

B. On utilise : *à la* + nom féminin commençant par une consonne – *au* + nom masculin commençant par une consonne.

❼ **1.** moi – **2.** salon – **3.** son bureau – **4.** l'aéroport – **5.** café – **6.** les Laurent.

8 **1.** À la douane – **2.** Au bureau – **3.** Dans une parfumerie – **4.** À l'aéroport/À la douane – **5.** Dans la rue – **6.** Au bureau – **7.** Au bureau – **8.** Dans une parfumerie – **9.** À la maison – **10.** À l'aéroport.

9 **1.** je ne suis pas, je suis – **2.** elle ne s'appelle pas, elle s'appelle – **3.** ils n'arrivent pas, ils arrivent – **4.** il n'est pas, il est – **5.** nous ne sommes pas, nous sommes – **6.** tu ne vas pas, tu vas – **7.** nous n'allons pas, nous allons – **8.** vous n'arrivez pas, vous arrivez.

10 **A.** **1.** a. – **2.** c. – **3.** f. – **4.** e. – **5.** d. – **6.** b.

B.

je fais	tu fais	il/elle fait
nous faisons	vous faites	ils/elles font

11 moi, je... – toi, tu... – lui, il... – elle, elle... – nous, nous... – vous, vous... – eux, ils... – elles, elles...

12 **1.** nous, elle – **2.** moi, toi – **3.** eux, nous – **4.** lui, elle – **5.** vous, lui – **6.** elles, eux.

13 Propositions : **1.** lui/eux et toi – **2.** elles et eux – **3.** elle et vous – **4.** elle et lui – **5.** toi/vous et moi.

14 **1.** d – **2.** c – **3.** a – **4.** b – **5.** e.

15 **1.** oui – **2.** si – **3.** non – **4.** si – **5.** oui – **6.** si – **7.** oui – **8.** si – **9.** oui.

16 **1.** b. – **2.** b. – **3.** c. – **4.** a.

Unité 4

Les bonnes adresses

1 **A.** **a.** des nombres simples – **b.** des nombres composés – **c.** vingt et un, trente et un, quarante et un, cinquante et un, soixante et un.
B. 23 (vingt-trois), 24 (vingt-quatre), 25 (vingt-cinq), 26 (vingt-six), 27 (vingt-sept), 28 (vingt-huit), 29 (vingt-neuf), 33 (trente-trois), 34 (trente-quatre), 35 (trente-cinq), 38 (trente-huit), 39 (trente-neuf), 42 (quarante-deux), 43 (quarante-trois), 44 (quarante-quatre), 46 (quarante-six), 47 (quarante-sept), 48 (quarante-huit), 49 (quarante-neuf), 52 (cinquante-deux), 53 (cinquante-trois), 55 (cinquante-cinq), 56 (cinquante-six), 57 (cinquante-sept), 58 (cinquante-huit), 59 (cinquante-neuf), 62 (soixante-deux), 64 (soixante-quatre), 65 (soixante-cinq), 66 (soixante-six), 67 (soixante-sept), 68 (soixante-huit).

2 **a.** trente et un – **b.** cinquante-neuf – **c.** vingt et un – **d.** trente-quatre – **e.** quarante – **f.** vingt-huit – **g.** soixante et un.

3 **1.** e. – **2.** d. – **3.** c. – **4.** a. – **5.** b.

4 **A.** pouvoir : je peux, tu peux, il/elle peut, nous pouvons, vous pouvez, ils/elles peuvent.
vouloir : je veux, tu veux, il/elle veut, nous voulons, vous voulez, ils/elles veulent.
B. **1.** peux – **2.** pouvons – **3.** peux – **4.** peuvent – **5.** pouvez – **6.** peut – **7.** pouvez.

5 **A.**

	pouvoir	**vouloir**	**avoir**	**terminaisons**
Je	pourrais	voudrais	aurais	ais
Tu	pourrais	voudrais	aurais	ais
Nous	pourrions	voudrions	aurions	ions
Vous	pourriez	voudriez	auriez	iez

B. **1.** Pourriez-vous nous indiquer la direction Charles-de-Gaulle-Étoile, s'il vous plaît ? – **2.** Est-ce que je pourrais avoir une table pour ce soir, s'il vous plaît ? – **3.** Pourriez-vous me conseiller un parfum, s'il vous plaît ? – **4.** Pourrais-je parler à monsieur Mulot, s'il vous plaît ? – **5.** Pourrais-tu me donner ton code postal ? – **6.** Nous voudrions une chambre pour une nuit, s'il vous plaît ? – **7.** Pourrais-tu me donner un timbre ? – **8.** Pourriez-vous m'indiquer la direction pour aller au parc des Expositions, s'il vous plaît ?

6 **1.** c. – **2.** a. et **c.** – **3.** a., b. et d. – **4.** a., c. et e.

7 **1.** vrai – **2.** vrai – **3.** vrai – **4.** vrai – **5.** vrai – **6.** faux – **7.** vrai – **8.** vrai – **9.** faux.

8 **1.** c. – **2.** a. – **3.** b. – **4.** b.

Unité 5

Rendez-vous

1 **1.** a. et b. – **2.** a., b et d. – **3.** a. et d. – **4.** a. et c. – **5.** a., c et e. – **6.** a., c. et d.

2 1re conversation : d., b., a., c., e. – 2e conversation : B., G., C., F.,I., A., D., H., J., E.

3 **A.** **1.** c. – **2.** a. – **3.** b. – **4.** d.
B. **a.** je, tu, il/elle – **b.** nous, vous, ils/elles.

4 **1.** se réunissent – **2.** choisissez – **3.** rougit – **4.** grossis – **5.** maigrit.

5 **1.** c. – **2.** d. – **3.** e. – **4.** b. – **5.** a.

6 **A.** La nouvelle secrétaire : très, beaucoup, très, très, beaucoup. – Le nouveau directeur : très, très, beaucoup, très.
B. Libre.

7 **a.** je déteste – **b.** je n'aime pas – **c.** je n'aime pas beaucoup – **d.** j'aime – **e.** j'aime beaucoup – **f.** j'adore.

8 Libre.

9 **A.** **1.** d. – **2.** e. – **3.** f. – **4.** b. – **5.** c. – **6.** a.
B. masc. sing. : quel – fém. sing. : quelle – masc. pl. : quels – fém. pl. : quelles.

10 **a.** Quel est votre nom ? – **b.** Quelle est votre nationalité ? – **c.** Quels sont vos projets professionnels ? – **d.** Quelle est la date de vos vacances ? – **e.** Quelle est votre date de naissance ? – **f.** Quelle est votre adresse ?

11 Libre.

12 **1.** vrai – **2.** faux – **3.** faux – **4.** vrai – **5.** vrai – **6.** vrai – **7.** faux – **8.** faux.

13 **1.** c. – **2.** b.

Unité 6

Passer commande

1 **B.** Produits de toilette : du dentifrice, du shampooing, de l'eau de toilette, de la crème solaire. – Produits alimentaires : de la confiture, des gâteaux, du pâté de canard, du fromage, de l'eau minérale.
C. masc. sing. : *du* – fém. sing. : *de la* – masc./fém. + voyelle (ou *h* muet) : *de l'* – masc./fém. pl. : *des*.
On parle de quantités : non comptables – positives.

2 **A.** **a.** *pas de* confiture, *pas de* vin. – **b.** *pas de* parfum, *pas de* crème solaire.
B. du vin ➞ *pas de* vin – de la confiture ➞ *pas de* confiture – de l'eau ➞ *pas d'*eau – des fleurs ➞ *pas de* fleurs.

3 **A.** **1.** i. – **2.** d. – **3.** c. – **4.** e. – **5.** g. – **6.** a. – **7.** h. – **8.** b. – **9.** f.
B. unité de grandeur + *de* + nom du produit.
Mais on dit six œufs.
Parce que c'est une quantité comptable.

4 **1.** d. – **2.** h. – **3.** c. – **4.** b. – **5.** a. – **6.** e. – **7.** f. – **8.** g.

5 **A.** Je pars, tu pars, il/elle part, nous partons, vous partez, ils/elles partent.
B. **a.** je, tu, il/elle – **b.** nous, vous, ils/elles.

6 **A.** Je viens, tu viens, il/elle vient, nous venons, vous venez, ils/elles viennent.
B. **a.** je, tu, il/elle – **b.** nous et vous – **c.** ils/elles.

7 **A.** **1.** sers – **2.** partent – **3.** sors – **4.** sent – **5.** viennent – **6.** pars – **7.** servons – **8.** venez.
B. **1.** d. – **2.** c. – **3.** c. – **4.** b. – **5.** d. – **6.** a. et c. – **7.** c. – **8.** c.

8 c. – a. – d. – b. – e.

9 **1.** faux – **2.** vrai – **3.** faux – **4.** faux – **5.** faux – **6.** vrai – **7.** faux.

10 **1.** a. – **2.** c. – **3.** c.

Unité 7

Combien ça coûte ?

1 **A.** **1.** une – **2.** une – **3.** de – **4.** une – **5.** de – **6.** une – **7.** une – **8.** un – **9.** un – **10.** des – **11.** un – **12.** un – **13.** une – **14.** une.
B. rapide – sympathique.

2 **1.** exceptionnelle – **2.** gros – **3.** jolie/jeune – **4.** neuf – **5.** grande – **6.** blanches – **7.** grosse – **8.** mauvais – **9.** Premier – **10.** vieilles – **11.** classique – **12.** italiennes.

3 **A.** **a.** la vendeuse (V) – **b.** le client (C) – **c.** la vendeuse (V) – **d.** le client (C) – **e.** le client (C) – **f.** la vendeuse (V) – **g.** la vendeuse (V) – **h.** le client (C).
B. c. – e. – g. – b. – f. – d. – a. – h.

4 **1.** b. – **2.** a. – **3.** a. – **4.** b.

5 **A.** singulier : j'attends, tu attends, il/elle attend – pluriel : nous attendons, vous attendez, ils/elles attendent.
B. 1 : attend.

6 **1.** vendez – **2.** attends – **3.** entends – **4.** vend – **5.** répondons – **6.** attendent.

7 **A.** singulier : je prends, tu prends, il/elle prend – pluriel : nous prenons, vous prenez, ils/elles prennent.
B. 3 : *prend* avec je, tu il/elle – *pren* avec nous et vous – *prenn* avec ils/elles.

8 **1.** comprenez – **2.** apprends – **3.** prend – **4.** comprenons – **5.** prends – **6.** prennent.

9 **A.** Propositions : **1.** vraiment – **2.** très – **3.** trop – **4.** exclusivement – **5.** particulièrement – **6.** horriblement – **7.** incroyablement.
B. – une intensité positive : très – particulièrement – vraiment
– une intensité négative : horriblement – incroyablement – particulièrement – vraiment
– une exclusivité : exclusivement
– une quantité excessive : très – trop
C. ment.

10 **1.** vrai – **2.** faux – **3.** vrai – **4.** faux – **5.** vrai – **6.** faux – **7.** faux – **8.** faux.

11 **1.** b. – **2.** b. – **3.** c. – **4.** b.

Unité 8

Bon appétit !

1 Entrées : assiette de crudités • terrine de lapin aux pruneaux • soupe à l'oignon • avocat aux crevettes – Poissons : daurade au four • truite aux amandes – Viandes : entrecôte au poivre • côtelettes d'agneau – Desserts : fromages ou profiteroles ou sorbets maison.

2 du veau.

3 **A.** **1.** un serveur (S) – **2.** un client (C) – **3.** un serveur (S) – **4.** un client (C) – **5.** un client (C) – **6.** un client (C).
B. Ces formes de verbes sont identiques aux formes du *présent*, mais les pronoms personnels *vous* et *nous* ne sont pas exprimés.

4 **A.** b. – tu.
B. À l'impératif, la forme du verbe conjugué à la 2e personne du singulier est différente de la forme du *présent* pour les verbes du *premier* groupe : pas de *s*.

5 aller : va, allons, allez – être : sois, soyons, soyez – avoir : aie, ayons, ayez.

6 **1.** essayez, donnez-moi. – **2.** compostez, ayez, changez, descendez. – **3.** apportez-moi, faites, allez, soyez.

7 **1.** a. et c. – **2.** a., b., c. et e. – **3.** a., c.et d.

8 **A.** Libre. **B.** b.
C. + ➞ plus
= ➞ aussi ▶ + adjectif (+ *que*…)
– ➞ moins
Exception : l'adjectif (+) bon —> meilleur.

9 **1.** Le vin d'Alsace est plus fruité que le bordeaux. – **2.** La carte est plus complète que le menu. – **3.** Les profiteroles sont plus riches en calories que la tarte au citron. – **4.** La daurade au four est aussi chère que le bar à l'oseille. – **5.** Le menu « affaires » est plus avantageux que le menu gastronomique. – **6.** Les entrées sont moins nombreuses que les desserts. – **7.** Le nouveau maître d'hôtel est aussi compétent que l'ancien. – **8.** L'eau minérale est meilleure que l'eau plate.

10 **B.** un possesseur : masc. sing. : son – fém. sing. : sa – fém. sing. + voyelle (ou *h* muet) : son – pl. : ses.
plusieurs possesseurs : masc. sing. : leur – fém. sing. : leur – fém. sing. + voyelle : leur – pl. : leurs.

11 **1.** ses – **2.** ses, leurs – **3.** son – **4.** leurs – **5.** sa – **6.** son – **7.** leur.

12 **1.** vrai – **2.** faux – **3.** faux – **4.** vrai – **5.** faux – **6.** vrai – **7.** faux – **8.** vrai – **9.** faux – **10.** faux.

13 **1.** c. – **2.** a. – **3.** b. – **4.** a. – **5.** c.

Unité 9

Voyager

1 Quand : dans la journée, tôt, à 10h30, tard, dans la matinée, dans la soirée, le matin, dans l'après-midi, le soir. – Où : pour Marseille, sur le quai n° 3, dans la salle d'attente, à la gare de Lyon, au guichet n° 9, à Lille, dans le wagon-restaurant, au départ de Paris. – Comment : en train de nuit, en TGV, en 1re classe, en couchette, en wagon-lit, en TER, en place assise, en voiture non-fumeurs.

2 Propositions : **1.** « Oui, il y a deux TGV pour Paris dans la matinée : un à 8h10 et un autre à 10h00. » – **2.** « Le train n° 2010 à destination de Marseille part quai n° 1 à 8h10. » – **3.** « Si vous prenez le TGV, vous pouvez voyager en 1re classe ou en 2e classe. » – **4.** « Le TGV qui part de Paris à 8 heures du matin arrive à 10 heures du matin à Lyon. » – **5.** « Le train n° 102 comporte des wagons-lits. » – **6.** « TGV ? Ça signifie Train à Grande Vitesse. »

3 **A.** **1.** h – **2.** e – **3.** b – **4.** a – **5.** g – **6.** c – **7.** d – **8.** f.
B. Questions fermées : 4., 6., 8.
Questions ouvertes : 1., 2., 3., 5., 7.
C. Libre.

4 **1.** a – **2.** d – **3.** g – **4.** b – **5.** c – **6.** e – **7.** f.

5 Énoncés faux. **1.** b. – **2.** b. – **3.** c. – **4.** c.

6 **B.** **a.** des nombres (liste n° 2).
b. des expressions spécifiques (liste n°1) :
– pour dire les heures : 12h = midi – 00h = minuit.
– pour dire les minutes : 15′ = et quart – 30′ = et demie – 45′ = moins le quart.
C.

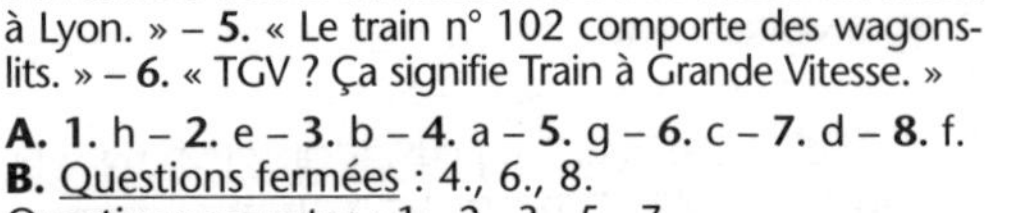

D. 1h15 = une heure et quart – 1h30 = une heure et demie – 1h45 = deux heures moins le quart.

7 15h30 ➞ Je pars à trois heures et demie, dans l'après-midi – 18h45 ➞ Je pars le soir, à sept heures moins le quart – 10h15 ➞ Je pars à dix heures et quart – 22h10 ➞ Je pars le soir, à dix heures dix – 0h40 ➞ Je pars la nuit, à une heure moins vingt.

❽ **1.** faux – **2.** vrai – **3.** faux – **4.** vrai – **5.** faux – **6.** vrai – **7.** vrai – **8.** vrai – **9.** vrai – **10.** faux.

❾ **1.** b. – **2.** b. – **3.** b.

Unité 10

Se loger

❶ **1.** le plus ancien : Château de la Richardière (XIVe-XVIIe siècle) – **2.** le plus cher : Château de la Richardière (190 € à 250 €) – **3.** le plus grand : Domaine de Ronfort (15 chambres, 5 suites, 1 salle de conférences, 1 vaste parc) – **4.** le plus proche de la mer : Château du Tilleul (En bord de mer, plage privée) – **5.** le moins ancien : Château du Tilleul (fin XIXe siècle) – **6.** le moins cher : Château du Tilleul (Chambre : 60 € à 80 € – Suite : 110 €) – 7. le meilleur (selon vous) : Libre.

❷ **A. 1.** faux – **2.** vrai – **3.** faux – **4.** faux – **5.** vrai – **6.** faux.
B. 1. La piscine la plus proche se trouve à 15 km. – **2.** Le centre équestre le plus proche se trouve à 10 km. – **3.** Le restaurant le plus proche se trouve à 4 km. – **4.** La station de ski la plus proche se trouve à 40 km. – **5.** La gare la plus proche se trouve à 3 km. – **6.** Les promenades les plus proches se trouvent à 200 m. – **7.** Le plan d'eau le plus proche se trouve à 20 km. – **8.** Le golf le plus proche se trouve à 1 km.

❸ Propositions : **1.** La Chine : le pays le plus peuplé. – **2.** L'Everest : la montagne la plus haute. – **3.** L'Amazone : le fleuve le plus long. – **4.** La Sibérie : la région la plus froide. – **5.** Les Pygmées : les hommes les plus petits – **6.** Le dollar : la monnaie la plus utilisée. – **7.** Internet : le moyen de communication le plus moderne. – **8.** Le *Concorde* : l'avion le plus rapide.

❹ Propositions : **1.** Ils habitent en banlieue pour être tranquilles/parce qu'ils veulent être tranquilles. – **2.** Tu consultes les petites annonces pour chercher un appartement/parce que tu cherches un appartement. – **3.** Vous réservez une table au restaurant pour dîner ce soir/parce que vous voulez sortir ce soir – **4.** Nous prenons une semaine de congé pour partir en vacances/parce que nous voulons partir en vacances – **5.** Il choisit une chambre avec un grand lit pour dormir confortablement/parce qu'il veut dormir confortablement – **6.** Vous appelez un garagiste pour faire dépanner votre voiture /parce que votre voiteure est en panne – **7.** Libre.

❺ et ❻ Libres.

❼ **1.** faux – **2.** vrai – **3.** faux – **4.** faux – **5.** vrai – **6.** vrai – **7.** faux – **8.** vrai.

❽ **1.** a. – **2.** b. – **3.** b. – **4.** b. – **5.** b.

Unité 11

Les sorties

❶ **A.** Verbes inf. *-er* : j'oublierai – il enchantera – il s'achèvera – vous apprécierez – elles accompagneront – Verbes inf. *-ir* : vous découvrirez – Verbes inf. *-re/-dre* : vous direz – vous prendrez – Verbes irréguliers : il sera – vous pourrez – vous irez.
B. Pour tous les verbes, les terminaisons sont identiques aux terminaisons du verbe *avoir* au présent (ai – as – a – ons – ez – ont).
Le radical :
– des verbes en *-er* et de nombreux verbes en *-ir* : On prend l'*infinitif* du verbe.
– des verbes en *-re/-dre* : On prend l'*infinitif* du verbe et on retire la dernière lettre, c'est-à-dire le *e*.
– des verbes irréguliers : verbe *être* : radical ➡ *ser-* – verbe *aller* : radical ➡ *ir-* – verbe *pouvoir* : radical ➡ *pourr-*.

❷ **1.** avoir – **2.** faire – **3.** savoir – **4.** voir – **5.** envoyer – **6.** devoir.

❸ **A. 1.** sera – **2.** paierai – **3.** prendrons – **4.** irez, accompagnerez – **5.** ira – **6.** reviendrai – **7.** donnerez – **8.** passera – **9.** aurez.
B. a. phrase 6 – **b.** phrase 4 – **c.** phrase 1 – **d.** phrases 5 et 9 – **e.** phrase 8 – **f.** phrases 3 et 7 – **g.** phrase 2.

❹ **A.** Proposer poliment : 1, 3, 5, 7, 9
Demander poliment : 2, 4, 6, 8, 10.
B. Pour tous les verbes :
– le radical est identique au radical du *futur*.
– les terminaisons : je ➡ ais – tu ➡ ais – il (ça) ➡ ait – vous ➡ iez.

❺ Propositions : **1.** Pourriez-vous prendre un itinéraire rapide ? – **2.** Vous aimeriez une tarte au citron en dessert ? – **3.** Ça vous plairait un circuit de Paris la nuit ? – **4.** Tu aimerais un week-end en Italie ? – **5.** Je voudrais un studio dans le centre-ville.

❻ Propositions : **1.** Je n'aime ni Picasso ni Braque. – **2.** Je ne bois ni Wisky ni vin. – **3.** Je ne prends ni métro ni bus. – **4.** Je n'aime ni le rugby ni le football. – **5.** Je ne sors ni le samedi ni le dimanche. – **6.** Je n'aime ni le cinéma ni le théâtre.

❼ **1.** Je n'ai que 10 euros à régler. – **2.** Je n'ai qu'une pièce. – **3.** Je n'ai que 20 minutes. – **4.** Il n'y a que des non-fumeurs. – **5.** Je n'ai que des espèces. – **6.** Il ne parle que français. – **7.** Je ne connais que Paris.

❽ **1.** faux – **2.** vrai – **3.** vrai – **4.** vrai – **5.** vrai – **6.** vrai.

❾ **1.** a. – **2.** c. – **3.** c. – **4.** a.

Unité 12

Qu'est-ce qu'il y a au courrier ?

❶ **1.** asseyez-vous, notez, prenez, suivez, continuez, mettez. – **2.** pense, dépêche-toi. – **3.** écrivez, expliquez, n'oubliez pas.

❷ **1.** Lève-toi, apporte, viens – **2.** asseyez-vous, attendez, prenez – **3.** traite, excuse-toi, précise – **4.** occupez-vous, ajoutez, allez poster.

❸ **A.** une publication annuelle paraît chaque année – une publication saisonnière paraît chaque saison – un mensuel paraît chaque mois – un hebdomadaire paraît chaque semaine.
B. Le catalogue de *La Redoute* paraît chaque saison, *Le Figaro* paraît chaque jour, *Le Bulletin météorologique* paraît chaque jour, *Le Monde* paraît chaque jour, *Les Échos* paraît chaque jour, *Le calendrier 20…* paraît chaque année, *Paris-Match* paraît chaque semaine, *Horoscope* paraît chaque semaine.

❹ **1.** e. – **2.** c. – **3.** f. – **4.** a. – **5.** b. – **6.** d.

❺ **1.** c., b., d., a. – **2.** c., a., b. – **3.** a., c., d., b. – **4.** a., c., d., b.

❻ **1.** ont vérifié, ont appelé, ont composé, ont réclamé, ont obtenu – **2.** ont appelé, ont composé, ont donné, ont fait – **3.** as payé, as écrit, as précisé, as indiqué, as signé, a refusé – **4.** ai voulu, ai placé, ai choisi, ai appuyé, ai attendu. – **5.** avez choisi, avez payé, avez composé, avez entendu.

❼ **1.** faux. – **2.** vrai. – **3.** faux. – **4.** faux. – **5.** faux. – **6.** vrai. – **7.** faux. – **8.** vrai.

❽ 1. b. – 2. b. – 3. c.

Unité 13

Expériences professionnelles

❶ Propositions : **1.** Nous avons demandé une augmentation de salaire : nous n'avons pas reçu la réponse. –

2. Ils viennent de passer un concours : ils n'ont pas eu le résultat. – 3. Je ne parle pas chinois : je n'ai pas appris cette langue. – 4. Elle est toujours au chômage : elle n'a pas trouvé de travail. – 5. Il n'a pas son examen : il n'a pas travaillé. – 6. L'ordinateur est toujours en panne : l'ingénieur n'a pas fait la réparation. – 7. Les touristes attendent : la visite n'a pas commencé.

❷ **A.** **1.** le raisin – **2.** une candidate à un emploi – **3.** les produits pharmaceutiques – **4.** des cartes de vœux – **5.** une machine – **6.** un examen – **7.** un contrat de travail – **8.** les études.

B.

Objet	Verbes à un temps simple	Verbes au passé composé
masc. sing.	Ils le mettent en...	Ils l'ont cueilli. Ils l'ont mis dans un pressoir. Ils l'ont transformé.
fém. sing.	Vous la présentez au...	Vous l'avez sélectionnée. Vous l'avez convoquée. Vous l'avez reçue. Vous l'avez embauchée.
masc. pl.	On les livrera aux clients.	On les a conditionnés. On les a emballés. On les a stockés.
fém. pl.	On les envoie ce matin.	Je les ai écrites. Je les ai signées. Je les ai mises...

Verbe à un temps simple : le COD se place avant le verbe.
Verbes au passé composé : le COD se place avant le verbe – le participe passé s'accorde avec le COD qui est placé avant le verbe.

❸ **1.** avant de – **2.** avant de – **3.** avant – **4.** avant – **5.** avant d' – **6.** avant de – **7.** avant – **8.** avant – **9.** avant.

❹ **1.** avant – **2.** avant – **3.** après – **4.** après – **5.** pendant – **6.** après – **7.** avant – **8.** pendant.

❺ **A.** **1.** vrai – **2.** faux – **3.** faux – **4.** vrai – **5.** vrai.
B. Libre.

❻ **1.** faux – **2.** vrai – **3.** vrai – **4.** faux – **5.** vrai – **6.** vrai – **7.** faux – **8.** faux.

❼ **1.** c. – **2.** b. – **3.** a.

Unité 14

À la banque

❶

Pers. représ. par un pronom	Verbes à construction directe (qui ?)	Verbes à construction indirecte (à qui ?)
masc. sing.	Vous **le** félicitez. Vous l'écoutez.	Vous **lui** refusez...
fém. sing.	Vous **la** félicitez. Vous l'écoutez.	Vous **lui** refusez...
pluriel	Vous **les** recevez.	Vous **leur** accordez...

❷ **1.** **a.** lui, le/la ; **b.** lui, lui ; **c.** lui ; **d.** l' – **2.** **a.** leur ; **b.** les, leur ; **c.** leur.

❸ **B.** **1.** c. – **2.** d. – **3.** e. – **4.** b. – **5.** a.
La même information a été communiquée deux fois :
– une fois à la forme active : phrase n° 3.
– une fois à la forme passive : phrase n° 1.
Dans la phrase n° 3, l'accent est mis sur l'auteur/le responsable de l'action. – Dans la phrase n° 1, l'accent est mis sur le résultat de l'action.

❹ **1.** Les trois auteurs du hold-up de la banque BP seront arrêtés hier. – **2.** Les distributeurs automatiques seront approvisionnés en euros dès janvier 2002. – **3.** Les guichets n°s 1 et 2 seront fermés pendant toute la durée des travaux. – **4.** La banque SOCI sera restructurée en décembre prochain. – **5.** Tous les salaires seront bloqués à partir de mai. – **6.** La Banque Euvrar sera rachetée par le Crédit de France.

❺ **A.** une situation passée.
B. **a.** phrase 5 – **b.** phrase 6 – **c.** phrase 1 – **d.** phrase 3 – **e.** phrase 2 – **f.** phrase 4.
C. Quel temps utilise-t-on pour évoquer :
– des situations passées : imparfait.
– des événements passés : passé composé.

❻ **1.** Elle travaillait au siège, mais elle a été mutée dans une petite agence. – **2.** Ils étaient au chômage, mais ils ont retrouvé du travail. – **3.** Mon solde était débiteur, mais mon salaire a été versé. – **4.** Le distributeur ne fonctionnait pas, mais la panne a été réparée. – **5.** Vous étiez à découvert, mais vous avez versé 458 euros sur votre compte. – **6.** Je prenais le métro, mais j'ai acheté une voiture à crédit.

❼ **1.** **a.** Avez-vous une carte bleue ? – **b.** Êtes-vous client de notre banque depuis plus d'un an ? – **c.** Qu'est-ce que vous faites quand votre compte est à découvert ? – **d.** Où retirez-vous vos billets ? – **e.** Combien de comptes avez-vous ?

❽ **1.** Il m'a demandé quand mon salaire était crédité. – **2.** Il m'a demandé ce que je voulais acheter à crédit. – **3.** Il m'a demandé si mon compte était régulièrement approvisionné. – **4.** Il m'a demandé combien d'actions je possédais. – **5.** Il m'a demandé si j'étais titulaire d'un compte épargne. – **6.** Il m'a demandé si j'étais satisfait de la gestion de mon compte ?

❾ **1.** b. – **2.** b. – **3.** c.

Unité 15

À la poste

❶ **A.** 1. c. – 2. d. – 3. a. – 4. b.

B.

	Passé composé formé avec	
	l'auxiliaire *avoir*	**l'auxiliaire *être***
sujets masculins	il lui a écri**t** ils n'ont pas encore reç**u**...	il s'est tromp**é**... ils se sont inscri**ts**...
sujets féminins	elle a cherch**é** la poste elles ont rat**é** la levée...	elle s'est perd**ue**... elles se sont dépêch**ées**

C. **1.** Construits avec *avoir* : b. ; construits avec *être* : a. – **2.** b.

❷ **1.** a reçu, ne s'est pas montré – **2.** s'est occupée, s'est rendue, a oublié – **3.** ont refusé, se sont méfiés – **4.** s'est assis, s'est cassée – **5.** se sont servies, n'ont pris que – **6.** s'est installée, n'a pas ouvert – **7.** ont payé, ont écrit – **8.** me suis arrêté(e), n'ai pas encore retrouvé.

❸ **B.** Fumeur : réponses n° 1, 2, 5, 8. – Ex-fumeur : réponses n° 4, 7. – Non-fumeur : réponses n° 3, 6.
– Réponse n° 2 – toujours.
– Réponse n° 8 – encore.

❹ Propositions : **a.** J'ai toujours mon portable sur moi, je ne m'en sépare jamais. Je n'ai plus besoin de chercher une cabine téléphonique. – **b.** J'ai déjà eu un portable, mais cela me coûtait trop cher. Je n'ai plus de portable depuis que mon fils m'a pris le mien. J'ai déjà utilisé deux ou trois fois le portable d'un ami. – **c.** Je n'ai pas encore de portable, mais je compte en acheter un bientôt. Je n'aurai jamais de portable de ma vie : je déteste ça !

❺ **1.** Elle a déjà un an ! – **2.** J'ai toujours les mêmes partenaires ! – **3.** Je suis encore en retard ! – **4.** Je n'ai pas encore fini ! – **5.** Vous ne pouvez plus téléphoner. – **6.** Ils ne vous l'ont jamais présenté.

❻ **A.** Situation 1. « Il ne faut pas oublier que, d'une part, il a déjà travaillé dans une de nos filiales et que, par ailleurs, il a une maîtrise parfaite de l'anglais. En conclusion, de tous les candidats que nous avons reçus, c'est, à mon avis, celui qui a la meilleure expérience. »

Situation 2. « Pour aller à la poste ? Écoutez, voilà : d'abord, vous suivez cette rue jusqu'à la place Saint-Jean, puis vous traversez la place et vous allez tout droit ; ensuite, vous prenez la première rue à gauche et là, vous apercevrez enfin la poste qui se trouve tout au bout de la rue. »
Situation 3. « Au début, il ne connaissait rien à ce métier, mais, peu après, il a su rapidement gérer la mise sous pli. Très vite, il a su également utiliser la machine à affranchir le courrier, mais un peu plus tard il a démissionné. En fin de compte, il n'aimait pas ce qu'il faisait. »
B. a. situation n° 1. – **b.** situation n° 3. – **c.** situation n° 2.

❼ **1.** Une explication. – D'abord, vous l'allumez, puis vous attendez la connexion. Ensuite, vous faites le code et enfin, vous composez le numéro de votre correspondant.
2. Un récit. – Notre société a été créée en 1985 avec un effectif réduit (30 employés). Peu après, elle comptait déjà plus de 100 employés. Un peu plus tard, avec la crise, nous avons dû licencier du personnel. En fin de compte, depuis six mois, nous avons surmonté nos difficultés.
3. Une argumentation. – D'une part, le tabac est mauvais pour la santé, d'autre part, il est très cher. En conclusion, il est urgent de vous arrêter de fumer.

❽ **1.** faux. – **2.** vrai. – **3.** vrai. – **4.** vrai. – **5.** vrai. – **6.** vrai. – **7.** faux. – **8.** vrai.

❾ **1.** b. – **2.** c. – **3.** c.

Unité 16

Le client est roi

❶ **A.** g, f, a, d, e, h, i, b, c, j.
B. Verbes dits de déplacement : aller ≠ venir – naître ≠ mourir – entrer ≠ sortir – monter ≠ descendre – arriver ≠ partir – tomber ≠ rester.
Autres verbes : prendre, avoir.

❷ décider.

❸ **1.** je me suis connecté, j'ai enregistré – **2.** Je suis resté, j'ai conseillé, j'ai vendu – **3.** j'ai fait, j'ai passé commande – **4.** nous nous sommes préparés, je me suis opposée, je me suis méfiée.

❹ **A.** Propositions : **1.** Le plat n° 26 66 9 est en promotion. – **2.** Je peux servir le plat n° 38 50 1 à un végétarien. – **3.** Le plat n° 38 56 9 est à base de pâtes. – 4. Libre. **a.** le plat – **b.** sujet – **c.** complément.
B. 1. qui – **2.** que – **3.** que – **4.** qu' – **5.** qui – **6.** qui
7. quo.

❺ **A.** Une personne qui possède un congélateur : phrases 1, 4 – Une personne qui ne possède pas de congélateur : phrase 2 – Un vendeur : phrase 3.
B. a. phrases 1, 3, 4 : si + présent ➡ présent ou futur ou impératif.
b. phrase 2 : si + imparfait ➡ conditionnel présent.

❻ Libre.

❼ **1.** vrai – **2.** faux – **3.** faux – **4.** faux – **5.** vrai – **6.** faux – **7.** faux – **8.** faux.

❽ **1.** b. – **2.** c. – **3.** b.

Unité 17

Vous avez un problème ?

❶ **A. 1.** d. – **2.** c. – **3.** e. – **4.** b. – **5.** a.
B. c. l'antériorité.

❷ **1. a.** elle n'avait pas respecté. **b.** elle s'était garée. **c.** elle avait refusé. **d.** elle avait doublé. **e.** elle avait brûlé. **f.** elle avait dépassé. – **2. a.** je n'avais pas envoyé. **b.** j'avais oublié. **c.** j'avais voyagé. **d.** j'avais payé. **e.** j'avais dépassé.

❸ **A. a.** phrase 2 – **b.** phrase 1.
B. Si + plus-que-parfait (fait passé imaginé) ➡ conditionnel passé (sa conséquence dans le passé).

❹ **1.** Si je n'avais pas doublé en plein virage… – **2.** Si je n'avais pas pris une autoroute à contresens… – **3.** Si je n'avais pas roulé la nuit sans phares… – **4.** Si je n'avais pas klaxonné en pleine ville… – **5.** Si je n'avais pas circulé sans plaque d'immatriculation… – **6.** Si je n'avais pas conduit en état d'ivresse…

❺ **1.** Si elle n'avait pas pris ma voiture, elle n'aurait pas eu d'accident. – **2.** S'il avait été plus clair, j'aurais accepté sa proposition. – **3.** S'il avait fermé mon bureau à clé, on ne m'aurait pas volé mon ordinateur. – **4.** S'il avait pris la bonne direction, je ne serais pas arrivé en retard. – **5.** Si elle avait posté le courrier et les lettres urgentes, elles seraient parvenues à leurs destinataires. – **6.** S'il n'avait pas fait d'erreur dans les comptes, je n'aurais pas dû refaire tous les calculs à sa place.

❻ regret : phrases 1, 4, 7 – reproche : phrases 2, 3, 5, 6, 8.

❼ **A. 1.** d'un médicament – **2.** une carte grise – **3.** d'un classeur – **4.** un contrat amiable – **5.** d'un contrat d'assurance – **6.** une ordonnance.
B. a. dont – **b.** où.

❽ **1.** où – **2.** où – **3.** dont – **4.** dont – **5.** dont/où – **6.** dont – **7.** où – **8.** dont.

❾ **1.** vrai. – **2.** faux. – **3.** faux. – **4.** faux. – **5.** faux. – **6.** vrai. – **7.** faux. – **8.** vrai. – **9.** vrai. – **10.** vrai.

❿ **1.** c. – **2.** b. – **3.** c.

Unité 18

Un lancement réussi

❶ **A. 1.** séduction – **2.** fiabilité – **3.** durée – **4.** confort – **5.** taille – **6.** prix – **7.** autre.
C. b – c.

❷ être – avoir – faire – pouvoir – savoir – aller.

❸ **1.** Il faut qu'elle fasse de la publicité pour vendre ses produits. – **2.** Il faut qu'il soit conditionné dans un tube. –
3. Il faut qu'ils partent avec des crèmes anti-moustiques. – **4.** Il faut qu'ils disposent des trousses de voyage dans les rayons. – **5.** Il faut qu'il connaisse toute la gamme des produits *Paragem*. – **6.** Il faut qu'elle débute demain. – **7.** Il faut qu'il lance un nouveau produit sur le marché. – **8.** Il faut qu'ils aient des échantillons pour les clients.

❹ Libre.

❺ **a.** certains – **b.** quelques.

❻ **1.** quelques, certains – **2.** quelques, certaines – **3.** quelques, certains – **4.** quelques, certains – **5.** quelques, certains – **6.** quelques, certains.

❼ **1.** les vins – **2.** les journaux – **3.** les voitures – **4.** les publicités.

❽ **1.** toutes, certaines, d'autres – **2.** quelques, certains – **3.** tous, certains – **4.** toutes, tout – **5.** toutes, certaines, d'autres – **6.** certains.

❾ **B.**

• **On compare des quantités de quelque chose**

+ plus / = autant de / – moins de } + nom

Exemple : question n° 2

• **On compare une quantité d'action**

verbe + { + plus de / = autant / – moins

Exemple : question n° 3

• On compare des qualités
+ plus
= aussi ⎬ + adjectif
– moins
Exemple : question n° 1
Exception :
(+) bon ➞ meilleur (n° 4)

• On compare une qualité
+ plus
= aussi ⎬ + adverbe
– moins
Exemple : question n° 5
Exception :
(+) bien ➞ mieux (n° 6)

⑩ Libre.

⑪ **1.** faux. – **2.** faux. – **3.** vrai. – **4.** faux. – **5.** vrai. – **6.** vrai. – **7.** vrai.

⑫ **1.** c. – **2.** c. -**3.** a. – **4.** d. – **5.** b.

Unité 19

Temps libre

① **A. a.** en – **b.** le.
B. a et c. Libre. **C.** Libre.

② **1.** un bulletin de paie – **2.** une grève – **3.** un syndicat – **4.** une augmentation de salaire – **5.** une manifestation – **6.** des tracts.

③ Libre.

④ **1.** Dispersez-vous ! – **2.** Dépêchons-nous !/Pressons-nous ! – **3.** Ne t'installe pas ici ! – **4.** Ne te presse pas !/Ne te dépêche pas ! – **5.** Tais-toi ! – **6.** Réveillez-vous ! – **7.** Ne vous occupez pas de nous ! – **8.** Éloignons-nous ! – **9.** Arrêtez-vous !

⑤ **A.** Réponse n° 3.
B.

Exprimer un doute	Exprimer une certitude
Je doute (vraiment) que... Ça m'étonnerait que... Je ne pense pas que... Il se peut que... } + subjonctif	Je suis certain que...+ indicatif

C. Libre.

⑥ Libre.

⑦ (Voir tableau 1.)

⑧ Libre.

⑨ **1.** faux. – **2.** faux. – **3.** vrai. – **4.** vrai. – **5.** vrai. – **6.** faux. – **7.** vrai. – **8.** vrai. – **9.** vrai.

⑩ **1.** c. – **2.** a. – **3.** c.

Unité 20

Made in France

① **A.** 1. b. – 2. c – 3. c. – 4. b. **B.** b.

② **A.** Libre.
B.

	la place du pronom y	
verbes	avant le verbe	après le verbe
– à un temps simple – à un temps composé	Je n'y retournerai jamais ! J'y suis monté(e).	
– à l'impératif positif		Retournez-y, c'est formidable !
– à l'impératif négatif	N'y allez pas !	
– à l'infinitif	Je ne veux pas y entrer.	

③ **1.** en Avignon – **2.** en Normandie.

④ Libre.

⑤ **B. a.** : réponse n° 2 – **b.** : réponse n° 1 – **c.** : réponse n° 3.
D. (Voir tableau 2.)

⑥ **1.** Quelqu'un m'a dit que le chiffre d'affaires de la société Gripoux avait augmenté... – **2.** Quelqu'un m'a dit qu'on aurait... – **3.** Quelqu'un m'a dit que les parts de marché étaient passées... – **4.** Quelqu'un m'a dit qu'on nous installait.... – **5.** Quelqu'un m'a dit qu'une panne de micro s'était déclarée... – **6.** Quelqu'un m'a dit que le chef du personnel voulait recruter... – **7.** Quelqu'un m'a dit que Madame Arthur avait eu... – **8.** Quelqu'un m'a dit que les exportations étaient...

⑦ **A. 1.** je pense/crois que... – **2.** je sens que... – **3.** je souhaite/doute que... – **4.** Il faut absolument que... – **5.** Je suis déçu/regrette que... – **6.** j'espère que... – **7.** je veux que... – **8.** Je suis content que... – **9.** Je sais/vois bien que... – **10.** Je doute que...
B. (Voir tableau 3.)

⑧ **1.** attende – **2.** fasse – **3.** prenne – **4.** serai – **5.** prendra – **6.** réponde.

⑨ **1.** prévienne, attende – **2.** soit – **3.** viendra – **4.** fasse – **5.** n'a pas oublié – **6.** se trompe.

⑩ **1.** faux. – **2.** vrai. – **3.** vrai – **4.** vrai. – **5.** vrai. – **6.** faux.

⑪ **1.** A. quelques, plusieurs – **2.** C. viennent – **3.** B. en nette progression – **4.** B. qui.

1

Types de paroles	Exemples	Verbes introducteurs
Une remarque	Il a déclaré qu'il était très honoré... Il a ajouté que ses ingénieurs appréciaient... J'ai dit/expliqué/précisé/ conclu que nous étions d'accord.	déclarer que ajouter que (dire, expliquer, préciser, conclure)
Une réponse	J'ai répondu que tout allait bien.	répondre que
Une demande d'information - Question fermée - Question ouverte - Question avec *Qu'est-ce que*	Il m'a demandé si nous pouvons... Il m'a demandé combien de temps... Il m'a demandé ce que j'en pensais.	demander si demander combien demander ce que
Une proposition	Il vous propose de...	proposer de
Une demande de faire	Il demande de prévoir... Elle vous dit d'accepter.	demander de + infinitif dire de + infinitif

2

	Paroles directes	Paroles rapportées dans le passé	Transformations opérées
Fait antérieur	« Nous n'y sommes jamais allés. »	Ils m'ont dit qu'ils n'y étaient jamais allés.	passé composé ➞ plus-que-parfait
Fait/situation simultané(e)	« Le Beaujolais se trouve entre... »	Ils m'ont dit que le Beaujolais se trouvait...	présent ➞ imparfait
Fait postérieur	« On reviendra avec un maximum de bouteilles. »	Ils m'ont précisé qu'ils reviendraient...	futur ➞ conditionnel

3

Verbes exprimant	+ indicatif	+ subjonctif
l'opinion le doute	penser/croire que	ne pas penser/ ne pas croire /douter que
la perception l'obligation la volonté les sentiments	voir/sentir que espérer que	il faut que vouloir que souhaiter/regretter/ être déçu/ être content que
expression du but		pour que/afin que

Imprimé en Italie par «La Tipografica Varese S.p.A.» Varese
Dépôt légal Editeur : 5243-01/2001 Collection 27 - Edition 01
15 / 5145 / 6